Eleonore Hohenberger

Der Bauerngarten

Bunte Pflanzenvielfalt harmonisch gestaltet

BLV Garten- und Blumenpraxis

BLV

CIP-Titelaufnahme der Deutschen Bibliothek

Hohenberger, Eleonore:
Der Bauerngarten: bunte Pflanzenvielfalt harmonisch gestaltet / Eleonore Hohenberger. – München; Wien; Zürich: BLV, 1990
(BLV Garten- und Blumenpraxis; 360)
ISBN 3-405-14104-4
NE: HST; GT

Bildnachweis

Alle Fotos im Innenteil und Umschlagfotos von der Autorin außer:
Hoppe: 58, 98
Nickig: 93, 113, 250
Redeleit: 92
Reinhard: 2, 77, 89, 104, 107
Stangl: 31, 122

Grafiken: Fred Butzke, Dolldorf

BLV Verlagsgesellschaft mbH
München Wien Zürich
8000 München 40

BLV Garten- und Blumenpraxis 360

Lektorat: Katharina Holler
Layout: Volker Fehrenbach

Satzherstellung: Fotosatz Wirth, Ober-Ramstadt
Druck und Bindung: R. Oldenbourg, München

Printed in Germany · ISBN 3-405-14104-4

Inhalt

6 Einführung
Was dieses Buch will und was es nicht will 6

8 Dorf und Hof
Der Weg ins Dorf 8
Wildgehölze und ihre Funktion 10
Artenspektrum der dörflichen Wildgehölze 12
Pflege und Pflanzung der Hecken 14
Wildhecken im Garten 15
Dorfbach und Dorfweiher 15

18 Der Obstgarten
Die Obstbäume – Grundsätzliches und Platzfragen 18
Eine »Streuobstwiese« im städtischen Garten? 24
Historisches Zwischenspiel über den Obstbau 25
Sortenwahl 35
Die Bienen und die Bestäubung der Obstbäume 38

40 Schöne Pflanzen am Haus
Allgemeines, Spalierobst, Kletterpflanzen 40
Hausbaum und Dorfbaum 43
Fenster- und Balkonschmuck sowie Trog- und Kübelpflanzen 53

57 Der blühende Gemüsegarten
Allgemeines 57
Funktionale Teilung 57
Zäune einst und jetzt 59
Türen und Tore 65
Grundrisse 67
Beete einst und jetzt 74
Verzierter Nutzgarten 78
Möchten Sie einen Bauerngarten anlegen? 79
Das Wichtigste ist der Boden 83
Pflanzennährstoffe und wofür sie gut sind 84
Nährstoffansprüche der Pflanzen 88
Kompost 88
Bodenverbesserung durch Steinmehl 91
Gründüngung 92
Gemüse, Kräuter, Blumen, einst und jetzt 92
Gemüse im Bauerngarten 98
Kräuter einst und jetzt 107
Blumenzauber im Wandel der Zeiten 113
Friedhofsflora 122
Allerlei Seltsames 123
Spontanvegetation 123
Gemeinschaftsgärten 125
Wohngarten 125

126 Literatur-Adressen

127 Register

Einführung

Was dieses Buch will und was es nicht will

Wenn ich Sie, verehrte Leserin und verehrter Leser, einlade, sich mit mir auf die Suche nach dem guten alten Bauerngarten zu begeben, gehen Sie bestimmt mit. Denn es ist der Garten unserer Kindheitsträume mit Blumen so groß und bunt, wie Blumen nur in der Kindheit sind und nie wieder sein werden. Ich verspreche Ihnen, wir werden diesen Bauerngarten finden.
Wir werden aber außer dem guten alten auch den guten neuen Bauerngarten suchen und finden. Der Bauerngarten war und ist wie alles im Leben dem Wandel der Zeiten unterworfen, sonst wäre er längst erstarrt. Wie alle anderen Gärten geht auch er mit der Mode, wenn auch in gemäßigter Form. Das nimmt man den Bauern, oder besser den Bäuerinnen, oft übel, denn vom Bauerngarten erwartet man das Bewahren ehrwürdiger Traditionen und nicht das Ausprobieren von modischem Schnickschnack. In Wirklichkeit gehört beides dazu.
Wer, übrigens, ist »man«? Das sind wir Gartentheoretiker, Ökologen, Stilisten, Heimatnostalgiker und sonstige Städter, die wir mit unserem Schlachtruf »Rettet den guten alten Bauerngarten« den Bauern auf die Nerven gehen. Solche wie uns hat es übrigens schon immer gegeben, und bisweilen hat der eine oder andere sogar höchst Positives bewirkt, wie noch zu hören sein wird. Diese Vorüberlegungen haben bereits ein Ergebnis gebracht: Der Bauerngarten vereinigt Tradition und Fortschritt.
Ich habe nicht vor, beim häufig angestimmten Lamento über den angeblichen Tod und den Verlust des Bau-

Das Gesicht des guten alten Bauerngartens wird geprägt durch das Engagement der Bäuerin.

Der gute neue Bauerngarten vereinigt Tradition und Fortschritt. Pflanzen aus aller Welt haben hier eine neue Heimat gefunden, und er ist weiterhin offen für neue Impulse.

erngartens mitzumachen. Die heutige Zeit hat andere Gärten und eben auch andere Bauerngärten als die sogenannte gute alte Zeit, in die, wenn wir wirklich ehrlich sind, niemand von uns ernsthaft zurückversetzt werden möchte. Schon gleich nicht die Bauern. Nicht solche Bauerngärten sind die besten, schönsten und ertragreichsten, in denen unkritisch weitergewurstelt wird wie eh und je, sondern jene, in denen die Bäuerinnen über den eigenen Gartenzaun hinausschauen, Gartenzeitschriften lesen, Gartenschauen besuchen, Vorträge hören, kurzum, aufgeschlossen sind für Neues bei gleichzeitigem Respekt vor den Traditionen.
Dieses Buch sucht nicht die Romantik, sondern die Realität, nicht das Pittoreske, sondern das Praktische.

Wo werden wir suchen?
In allen Teilen der BRD. Und eigentlich könnten wir sogar noch ein ganzes Stück nach allen Richtungen über die Grenzen hinausgehen, ohne daß sich der Charakter der Bauerngärten wesentlich ändern würde. Warum das so ist, wird noch zu erörtern sein. Jedoch die Suche im Raum wird nicht genügen. Gerade beim Bauerngarten kommt dazu noch die Suche in der Zeit, also in der Geschichte.

Wie werden wir suchen?
Ganz einfach. Wir nähern uns aus der Landschaft einem Dorf. Und dann nähern wir uns einem Bauernhof. Wir umschreiten ihn auf der Suche nach dem Garten. Und damit sind wir mitten im Thema.

Dorf und Hof

Der Weg ins Dorf

Harmonisch sind Dorf und Landschaft im Idealfall miteinander verbunden. Obstbaumalleen oder buschgesäumte Hohlwege führen zum Dorf oder gehen in die Baumreihen, Einzelbäume oder Hecken am Dorfrand über. Auch der Bach mit seinen Gehölzen fügt Dorf und Landschaft zusammen.
Damit sind wir schon im Dorf angekommen. Vielleicht haben wir Glück und finden auf dem Dorfanger noch einen schönen Dorfweiher mit naturnahem Gehölzbestand, zumindest aber hoffentlich einen altehrwürdigen oder auch einen neu gepflanzten Dorfbaum. Bald stellen wir fest, daß es »den« Bauerngarten gar nicht gibt. Rund um den Hof (siehe Grafik) gruppieren sich, abhängig von der Funktion, verschiedene Gartentypen. Die Hecken am Dorfrand bilden häufig einen lebenden Zaun um den Baumgarten mit den Obstbäumen. Er wird auch Grasgarten genannt und bisweilen für das Vieh oder das Geflügel genutzt, soweit es nicht noch einen eigenen umzäunten »Hennengarten« gibt.
Beim Bauernhaus fällt als erstes der Vorgarten mit Zierbepflanzung ins Auge, in den hin und wieder Obst- oder Weinspaliere am Haus einbezogen sind.
Kübelpflanzen am Hauseingang und Zierpflanzen auf den Fensterbrettern

Dorfökologie im besten Sinne und hoffentlich noch lange ein selbstverständlicher Anblick: Die Dorfstraße mit ihrem Umfeld als Lebensraum für Menschen, Flora und Fauna.

gehören zum oft recht aufwendig und ehrgeizig angestrebten Ziel der Verschönerung von Häusern und Dörfern. So gut wie immer eingezäunt und im Normal- oder Idealfall etwas abgesetzt vom Haus liegt der Hausgarten mit Gemüse, Kräutern und Blumen. Er wird in diesem Buch am ausführlichsten beschrieben werden. Weil er oft nicht groß genug ist, um alle benötigten Gemüse anzubauen, gibt es häufig noch den Feldgarten fürs Grobgemüse draußen in der landwirtschaftlichen Flur. Heutzutage wird, vor allem in Fremdenverkehrsgebieten, häufig ein Teil der Hoffläche als Wohngarten mit Rasen und sonstigen städtisch anmutenden Attributen angelegt. Warum nicht? Die Zeiten ändern sich und mit ihnen die Ansprüche an den Garten.
Nicht vergessen werden sollten jene Hofbereiche, die zwar eigentlich nicht als »Garten« bezeichnet werden können, aber doch einer gewissen großzügigen gärtnerischen Pflege bedürfen und bisweilen auch genutzt werden, wie etwa der Hausbaum sowie die Spontanvegetation im Hofbereich und seinem Umfeld.
Neben diesen charakteristischen und eigentlich in jedem Dorf in unterschiedlicher Qualität aufzufindenden Gärten oder Gartentypen gibt es noch landschaftsgebundene Besonderheiten. Genannt seien die großen Obstgärten am Bodensee, im Fränkischen Jura, am Oberrhein und im Alten Land bei Hamburg sowie die Weingärten am Rhein, am Main und an der Mosel und auch die Hopfengärten der Hallertau. Interessant sind auch die Gemeinschaftsgartenanlagen in Dörfern, deren Häuser so eng stehen, daß Hausgärten kaum noch Platz haben.
Diese Einteilung lehnt sich an die Veröffentlichungen von Peter Titze, Erlangen, an. Ihm sei gleich an dieser Stelle Dank gesagt für fachliche Ratschläge und Hilfe bei der Literaturbeschaffung.
Aus dem bisher Gesagten schält sich schon eine wichtige Erkenntnis heraus:
Die Annäherung an das Dorf und der Rundgang um den Hof haben eine recht deutliche Einteilung in funktional verschiedene Gartenbereiche oder Gartentypen ergeben, eine Einteilung, die sich auch für die Gliederung dieses Buches eignet.
Demnach beginnen wir mit dem Dorfrand.

Wildgehölze und ihre Funktion

Im Idealfall hat das Dorf einen Mantel von Gehölzen. Es sind Laubgehölze, die den Wechsel der Jahreszeiten widerspiegeln. Schneeweiß, wenn Schlehe und Weißdorn im Frühjahr blühen, grün im Sommer, bunt im Herbst, scheinbar kahl im Winter. Scheinbar deshalb, weil bis weit in den Winter hinein Nüsse, Beeren und andere Früchte sowie dazu noch überwinternde Larven, Insekten und

Blattlauseier den Vögeln Nahrung bieten. Nur eher am Rande sei erwähnt, daß die unter den Sträuchern liegende Laubschicht im Winter das schlafende Leben bedeckt. Igel, Kröten, Marienkäfer und Spinnen sind vielleicht die bekanntesten der vorwiegend nützlichen Tiere, die auf den Schutz solcher Laubdecken angewiesen sind.
Dieser dörfliche Gehölzmantel ist meistens nicht gepflanzt worden, sondern gehört zur sogenannten Spontanvegetation, die sich überall da einstellt, wo der Mensch seine rigoros pflegende Hand etwas abzieht, jene Vegetation, deren krautige Vertreter als sogenanntes Unkraut den Gartenfreund zur Verzweiflung und den Landwirt zum Herbizidspritzen treibt. Die Artenzusammensetzung dieser Gehölzsäume steht im Austausch mit den Feldgehölzen und den Heckenstreifen (in Norddeutschland »Knicks« genannt) in der landwirtschaftlichen Flur, die bisweilen die Funktion von Begrenzungen, aber auch von Windschutz haben. Im hügeligen Land halten sie den Boden, der dort stets in Gefahr ist – Stichwort Bodenerosion – vor allem im Frühling fortgeschwemmt zu werden und auf Nimmerwiedersehen in den Gräben zu verschwinden. In Gegenden, wo die Flurbereinigung so gründlich tätig wurde, daß der gewachsene Charakter der landwirtschaftlichen Flur hinwegbereinigt wurde, werden inzwischen oft nachträglich wieder Hecken gepflanzt; tröstlicher Beweis dafür, daß auch Behörden in der Lage sind, aus Fehlern zu lernen.

Wildgehölze und verwilderte Obstbäume finden sich in der Hecke freundschaftlich zusammen. Sie hat Zaunfunktion und wird regelmäßig geschnitten.

Artenspektrum der dörflichen Wildgehölze

Bäume und Sträucher

Eschen, Eichen, Hainbuchen, Birken, Linden und Vogelbeerbäume sind charakteristische Arten, die oft schon aus der Ferne die Akzente setzen. Vor allem in waldarmen Gegenden wurden diese Gehölze regelmäßig zurückgeschnitten und zur Holzgewinnung verwendet. Birken lieferten das Reisig für die ehemals grundsätzlich selbstgebundenen Hofbesen, die im Winter auf Vorrat hergestellt wurden. Birken, vor allem der sich spontan einstellende Jungwuchs, waren und sind außerdem wichtiges schmückendes Element bei dörflichen Festen.

Heckenreihen übernehmen oft die abgrenzende und einfriedende Funktion. Sie sind häufig »geschneitelt«, das heißt zu einer brauchbaren Zaunform zurecht geschnitten. Mit einem derartigen lebenden Zaun sind so gut wie nie die Gemüsegärten, wohl aber häufig die Obstgärten oder die bisweilen eigens abgetrennten Gartenteile für Hühner, Enten und Gänse eingefaßt. An erster Stelle sei noch der Weißdorn *(Crataegus* sp.) genannt, der auch Hagedorn heißt, ein Name, der den Wortstamm »Hag« enthält, was soviel wie Zaun bedeutet. Gepflanzt und gefördert werden in wärmeren Lagen am Dorfrand auch die Haselnußsträucher, während Schlehe, Liguster, Hartriegel,

Ein Denkmal bäuerlicher Kultur: »Geschneitelte Birken« am Dorfrand.

Pfaffenhütchen, Kreuzdorn und die verschiedenen Heckenrosen sich zusammen mit verwilderten Vogelkirschen, Sauerkirschen und Zwetschgen meistens von selbst in die Hecke einreihen. Auch die eine oder andere Gehölzrarität ist zu entdecken, wie etwa die Großfrüchtige Schlehe *(Prunus spinosa* ssp. *fruticans),* die Zimt-Rose *(Rosa majalis)* und die Leder-Rose *(Rosa coriifolia).*

Rot- und Schwarzbeerige Zaunrübe *(Byronia dioica* und *B. alba)* winden sich an den Sträuchern hoch, hochgiftige Schlingpflanzen aus der Familie der Kürbisgewächse, deren Volksname »Gichtwurz« anzeigt, wogegen sie früher verwendet wurde, wenn alle harmloseren Mittel versagt hatten. Auch die Gewöhnliche Waldrebe

(Clematis vitalba) verhäkelt und verzwirbelt die Sträucher miteinander, und ihre schneeweißen federigen Fruchtstände sehen im Spätherbst und Winter aus, als würde die Hecke blühen.

Krautige Vegetation der Hecken

In Weinbaugebieten ist vielleicht die seltene und giftige Osterluzei *(Aristolochia clematitis)* zu finden, die als wehenförderndes und menstruationsauslösendes Mittel verwendet wurde und auch Bestandteil des »Theriak« war, eines mittelalterlichen Allheilmittels.

Bereits angesichts dieser botanischen Raritäten zeigt sich, daß die Hecken am Dorfrand Rückzugsgebiete für bedrohte Arten sind, eine Funktion, die große Beachtung verdient.

Schöne Blumen läßt der Frühling unter den Sträuchern erblühen, solange die Sonne noch nicht durch das Blätterdach abgeschirmt wird. Immergrün *(Vinca minor)*, Wohlriechendes Veilchen *(Viola odorata)*, die Lerchenspornarten *(Corydalis sp.)*, Aronstab *(Arum maculata)*, Bärlauch *(Allium ursinum)*, Busch-Windröschen *(Anemone nemorosa)* und Leberblümchen *(Hepatica nobilis)* seien genannt. Diese Aufzählung zeigt, daß die Flora der Hecken am Dorfrand eine gewisse pflanzensoziologische Beziehung zu den Wäldern in der Umgebung des Dorfes hat, denn die eben genannten Pflanzen gehören zur Flora der Laubwälder. Eine Reihe von Arten wurde in der bäuerlichen Volksmedizin benutzt, etwa die gequetschten Blätter des knoblauchduftenden Lauchhederichs *(Alliaria officinalis)* als antiseptische Wundauflage, der Ruprechts-Storchschnabel *(Geranium robertianum)*, dessen Volksname »Gottesgnadenkraut« die große Wertschätzung zeigt, die diese seltsam riechende Allerweltspflanze genoß, sowie das Schöllkraut *(Chelidonium majus)*, dessen orangegelber Milchsaft bis heute zu den immer noch am wenigsten abstrusen Maßnahmen gegen Warzen Verwendung findet. Außerdem wächst in den Hekken manchmal die Judenkirsche *(Physalis alkekengi)*, ein robustes Nachtschattengewächs mit orangeroten Lampionfrüchten. Sie wuchs merkwürdigerweise schon in der Jüngeren Steinzeit bei den Häusern. Merkwürdig ist das deshalb, weil die Judenkirsche rein gefühlsmäßig nicht recht in unsere angestammte Wild- und Kulturflora paßt. Zwar wurde aus ihren wenig ergiebigen und zur Not auch eßbaren Beeren da und dort ein Arzneiwein bereitet, aber das rechtfertigt wohl kaum diese überaus lange Tradition.

Kaum betont werden muß, daß auch die Große Brennessel *(Urtica dioica)* und der Giersch *(Aegopodium podagraria)* sich mit ihrem kriechenden Wurzelwerk ins Gebüsch hineinarbeiten. Beide sind ohnehin häufige Gäste auf den nitratreichen Böden des Dorfes.

Pflege und Pflanzung der Hecken

Wo solche abgrenzenden Hecken am Dorfrand vorhanden sind, brauchen sie natürlich eine gewisse großzügige Pflege. Vor allem sollten sie alle paar Jahre einen Verjüngungsschnitt erhalten. Überalterte, bemooste, verkahlende und nach innen oder über Kreuz wachsende Äste werden ganz unten abgesägt oder abgeschnitten. Weil zu dieser mit Überlegung und Abwägung verbundenen Arbeit häufig die Zeit fehlt, können die Gehölze bei Überalterung oder allzu starker Ausbreitung auch »auf den Stock gesetzt« werden. Das heißt, die Sträucher werden ziemlich rigoros, am besten im Spätherbst, in 20–50 cm Höhe über dem Boden abgesägt. Die meisten Sträucher mit Wildcharakter vertragen diese Prozedur ohne nennenswerte Beeinträchtigung. Man sollte freilich nicht die ganze Heckenreihe in einem Zug derartig zurückschneiden – denn wohin sollten sonst die vier-, sechs- und achtbeinigen Bewohner fliehen? –, sondern auf mehrere Jahre verteilt, jeweils abschnittsweise. Es sollten auch nicht nur einzelne Sträucher im Verband zurückgeschnitten werden, weil sie sonst meistens von den Nachbarn überwuchert werden und sich nicht mehr angemessen erholen können.
Wo am Dorfrand der grüne Gehölzmantel fehlt, sollte er unbedingt im Zuge der Dorfverschönerung, bei der heutzutage auch ökologische Aspekte eine wichtige Rolle spielen (sollten), nach und nach mit landschaftsgebundenen Gehölzen aufgebaut werden.
Pflanzzeit für Hecken ist September bis Mai, wobei der Herbst- oder Winterpflanzung der Vorzug gegeben werden sollte. Nur bei starker Verdichtung ist eine Bodenvorbereitung, etwa in Form einer Gründüngung nötig. Einheimische Heckenpflanzen brauchen keinen Dünger, allenfalls bei der Pflanzung etwas kalkhaltigen Kompost. Daß man heutzutage, um die Moore zu schonen, keinen Torf mehr verwendet, sollte eigentlich gar nicht mehr betont werden müssen.
Hecken werden am besten im Dreiecksverband gepflanzt, das heißt, die Sträucher stehen in Form eines gleichschenkeligen Dreiecks mit der Seitenlinie von etwa 1 m. Einreihige Hecken sind auf längere Sicht unten nicht dicht genug, um eine Zaunfunktion wahrnehmen zu können. Je gemischter die Hecke ist und je mehr einheimische Gehölze verwendet werden, desto größer ist ihr ökologischer Wert, was im Klartext bedeutet: je mehr einheimische Gehölze, desto mehr Tiere finden Wohnung und Nahrung und desto vielfältiger kann sich der krautige Unterwuchs entwickeln.
Außer den bereits genannten Arten können noch Schwarzer und Trauben-Holunder *(Sambucus nigra, S. racemosa)*, Kornelkirsche *(Cornus mas)*, die übrigens schon ab März blüht, Felsenbirne *(Amelanchier ovalis)* und verschiedene Schneeball-

arten *(Viburnum* sp.) verwendet werden. Kornelkirsche und Felsenbirne haben außerdem eßbare, oder besser gesagt, zur Gelee- oder Kompottbereitung sehr gut verwendbare Früchte.

Wildhecken im Garten

Diese eben erteilten Ratschläge über Pflanzung, Pflege und Artenspektrum der Hecken sind natürlich uneingeschränkt auch auf städtische Gärten übertragbar. Als Gegengewicht zum Übermaß an fremdländischen Gehölzen und Stauden bilden Hekken aus Wildgehölzen einen gesunden Ausgleich und tragen zur Verbesserung des Lebensraumes »Stadt« bei. Freilich sollte der Anspruch, einheimische Gehölze zu verwenden, nicht zu ideologisch eng gesehen werden. Zu allen Zeiten war der Garten auch Refugium für sensible und vielgeliebte Exoten. Das gilt auch für den Bauerngarten.
Wie schon angedeutet, sind die Hekken am Dorfrand meistens durchaus schon Bestandteil der Gärten, nämlich Abgrenzungen der Obst- und auch der Geflügelgärten, denen wir uns bald zuwenden werden. Doch zunächst benützen wir noch einen weiteren Verbindungsweg zwischen Landschaft und Dorf, nämlich den Dorfbach. Aus rationellen Gründen sollten wir aber gleich den Dorfweiher miteinbeziehen.

Dorfbach und Dorfweiher

Oft geht es ihnen schlecht heutzutage. Die überschwappenden Güllebehälter verkleckern ihre garstige Brühe nur allzu oft mehr oder weniger versehentlich in diese Dorfgewässer, was zu einer starken Eutrophierung führt. Darunter versteht man die An-

Eingebettet in Talwiesen und begrenzt von Weiden und Erlen verbindet der Bach harmonisch die Landschaft mit dem Dorf.

reicherung mit Pflanzennährstoffen, vor allem mit Stickstoff und Phosphor, wodurch sich überreichlich Pflanzenwuchs und absterbende Biomasse entwickelt. Vor allem Unmassen von Algen überfordern oft die Selbstreinigungskraft des Gewässers.
Intakte Bäche oder Weiher jedoch erfüllen wichtige ökologische Funktionen im Dorf. Sie bieten dem Wassergeflügel Lebensraum, und daß in Kannen und Eimern zum Gartengießen das Wasser aus Bach und Weiher geholt wird, wenn sie in einigermaßen erreichbarer Nähe sind, sei gerade auch in diesem Zusammenhang erwähnt und betont. Dorfteiche, die früher auch als Löschwasserbehälter fungierten, sind in den Dörfern rar geworden. Oft wurden sie zugeschüttet und zugunsten geschlossener Löschwasserbehälter aufgegeben.
Weiden, Erlen und Eschen begleiten die dörflichen Gewässer. Auch diese Gehölze wurden früher zur Holzgewinnung genutzt. Gab es einen Korbflechter im Dorf, dann wurden bei den Weiden oben am Stamm die Ruten abgeschnitten. Dünne Weidenruten wurden und werden bis heute zum Anbinden von Obstbäumen und Weinstöcken verwendet. Durch das regelmäßige Schneiden der Weidenbäume entstanden nach und nach die sogenannten Kopfweiden, deren uriger Wuchs demnach nicht von der Natur vorgegeben ist, sondern durch Eingriffe des Menschen erzeugt wird. Eine Kopfweide, vor allem wenn sie schon ein wenig zu vermodern beginnt, ist ein eigenes kleines Ökosystem. Holzfressende Insektenlarven, wie beispielsweise die Raupen des Weidenbohrers, eines großen, dicken Schmetterlings, zerlegen das Holz von innen heraus. Der Steinkauz hat vielleicht, gut versteckt, in der Krone seinen Ausguck aufgetan und wird in der Nacht in Gärten und auf den Feldern Mäuse fangen. Nachdem heute die Körbe kaum noch irgendwo aus den im oder am Dorf wachsenden Kopfweiden, sondern »Made in China« gewonnen werden, und nachdem es aber trotzdem geboten scheint, den Lebensraum »Kopfweide« in seinem charakteristischen Erscheinungsbild zu retten, muß die Pflege so weitergeführt werden, als ob man Weidenruten zum Korbflechten gewinnen wollte.
Das Beispiel der Kopfweiden ist nur eines von vielen, bei denen eine bestimmte Art der Nutzung durch den Menschen die Ursache und Bedingung für eine vielfältige Lebenswelt bildet. Mit dem Aufhören oder der Änderung der Nutzung ändert sich dann unwiederbringlich das ökologische Beziehungsnetz und damit auch das Artenspektrum. Weil solche Fälle sehr viel häufiger sind als gemeinhin angenommen wird, stellt sich grundsätzlich die sozusagen öko-philosophische Frage: Soll durch Als-ob-Strategien eine Lebensgemeinschaft gerettet werden, die sich irgendwann entwickeln konnte und nur durch altmodische, nicht mehr zeitgemäße Arbeitsverfahren erhalten werden

kann? Über diesen Sachverhalt wird man, vor allem im Zusammenhang mit dörflichem Leben und landwirtschaftlicher Nutzung der Landschaft, in den nächsten Jahren intensiver nachdenken müssen. Man sollte nicht nach pauschalen allgemeingültigen Rezepten suchen, sondern man wird nicht umhin können, die unterschiedlichen Probleme differenziert zu lösen.
Im Zuge der Dorferneuerung, die heute nicht mehr so gesehen wird, daß die Lebensweise des Dorfes möglichst genau den städtischen Bedingungen angepaßt wird, und die umgekehrt auch nicht mehr anstrebt, daß alles so bleibt wie zu Urgroßvaters Zeiten, ist es im allgemeinen möglich – auch von der finanziellen Förderung her betrachtet –, Dorfbäche und Dorfweiher zu sanieren. Es gibt sehr geglückte Beispiele der Dorferneuerung, durch die aus einer Betonrinne wieder ein lebendiges Bächlein geworden ist und durch die aus einem stinkenden Pfuhl wieder ein Lebensraum für das Dorfgeflügel und ein Laichplatz für Amphibien geworden ist. Bei Renaturierungen von Dorfgewässern darf auch die Anlage einer Lehmkuhle nicht vergessen werden, um den Schwalben das Baumaterial für ihre Nester zu liefern.

Ökologie und Ökonomie

Das bisher Gesagte klingt sehr »ökologisch« und so, als habe es mit der Ökonomie, um die es bei der Landwirtschaft in Wirklichkeit stets geht, nichts gemeinsam. Sehr zum Unheil der guten Sache wurde in den letzten Jahrzehnten ein fataler Gegensatz im Sinne »Ökologie kontra Ökonomie« aufgerissen. In Wirklichkeit gibt es diesen Gegensatz gar nicht, oder besser gesagt, er kommt durch ein falsches Verständnis dieser beiden mit »Öko« (= Haushalt) beginnenden Begriffe zustande. Fatal ist vor allem, daß einerseits Dorfbewohner und andererseits engagierte, mit der Dorfökologie professionell befaßte Städter völlig unterschiedliche Ziele mit dem Begriff Dorferneuerung verbinden. Dorfökologie hat eine ökonomisch sinnvolle Weiterentwicklung der strukturellen und funktionellen Mängel des Dorfes zum Inhalt, und zwar für Bauern, Frösche, Bienen, Kühe, Gemüsepflanzen, für den Holunder an der Scheune, die Brennesseln am Zaun, und nicht zu vergessen, für die Dorfjugend. Allerdings fehlt derzeit, auch wenn jeder zu wissen glaubt, was ein Dorf ist, ein einheitliches Leitbild für das, was mit der Dorferneuerung eigentlich wirklich erreicht werden soll. Man wird schleunigst danach suchen müssen, sonst läuft die Jugend davon und Eigentümer selbst schöner Höfe finden keine Frau mehr, die das Leben als Bäuerin auf sich nehmen möchte.
Nun hat uns der Dorfbach mit seinen Gehölzen schon ganz unversehens mitten ins Dorf geführt. Dabei wollten wir doch zuerst noch die Obstgärten besuchen, die oft ringförmig das Dorf umgeben.

Der Obstgarten

Die Obstbäume – Grundsätzliches und Platzfragen

Wenn ich einen bäuerlichen Obstgarten mit meinen eigenen Obstbaubemühungen vergleiche, dann fällt mir vor allem auf, wieviel Platz jeder Baum im bäuerlichen Obstgarten hat. Rund 100 m^2 werden pro Baum gerechnet. Mit keinem Fliederbusch muß er konkurrieren, keine Birke aus dem Nachbargarten beschattet ihn, und keine kriechende Scheinzypresse arbeitet sich in seine Richtung vor.

Mir wird schlagartig klar, was ganz allgemein der wichtigste Unterschied zwischen einem bäuerlichen und einem Durchschnittsgarten von Durchschnittsgartenfreunden ist. Im bäuerlichen Garten beschränkt man sich aufs Wesentliche und macht das gründlich, während unsereiner auf seinen paar hundert Quadratmetern Garten alles haben will, was es nur gibt, nämlich Blumenrabatten, Rosenbeete, Ziergehölze aller Art, ein Teichbiotop, einen Wäscheplatz, eine Hollywoodschaukel, eine möglichst ausgedehnte Rasenfläche, wenigstens ein paar Gemüsebeete, Beerensträucher natürlich, einen Grillplatz, eine Sandkiste fürs Kind, eine Pergola zum Sitzen und selbstverständlich wenigstens einige Apfel-, Birn- und Kirschbäume, einen Mirabellenbaum und eine Schattenmorelle, weil deren Früchte doch gar so köstlich sind.

Die Streuobstwiese ist ein Lebensraum, bei dem Ökologie und Ökonomie nicht zu trennen sind. Eigentlich geht es nicht um den Ertrag, aber eine Reihe bedrohter Tierarten hat in solchen großzügig bewirtschafteten Obstgärten ihre vielleicht letzte Überlebenschance.

Weniger wäre oft mehr, oder um es mit Goethe auszudrücken: »In der Beschränkung zeigt sich erst der Meister.«
Da stehen sie, diese Baumindividualisten, bemoost und flechtenbedeckt, Kuh und Pferd kratzen sich Hals und Hintern an ihren Stämmen, inmitten einer vom gärtnerischen Standpunkt aus hoffnungslos ver(un)krauteten Wiese, und bei etwa jedem zweiten Baum biegen sich die Äste unter der Last ihrer Früchte. Aber das ist eben das Problem: nur etwa bei jedem zweiten Baum und auch nicht jedes Jahr. Das wäre im kommerziellen Obstanbau undenkbar. Offenbar sind die Bäume zwar irgendwann durchaus fachgerecht, aber inzwischen seit Jahren nicht mehr, geschnitten worden. Wie sind doch dagegen die Halbstämmchen und Spindelbüsche von unsereinem beleidigt, wenn man irgendetwas mit den Leittrieben, dem Winkel der Leitäste zum Mitteltrieb oder dergleichen verkehrt gemacht hat! Wie übel nimmt es so ein putziges Bäumchen, wenn man ihm womöglich gleich nach dem Pflanzen die »Saftwaage« aus dem Gleichgewicht gebracht hat, das heißt nicht beachtet hat, daß die obersten Knospen der Leitäste in der gleichen Höhe stehen müssen! Jahrelang strafen sie den Gartenfreund für solche Vergehen mit Verachtung.
In den speziellen Obstbaugebieten wird nach rationellen Gesichtspunkten und mit effektiver Baumpflege gewirtschaftet. Diese Intensivbewirt-

Streuobstwiesen, oft als Viehweide genutzt, sind meistens am Dorfrand. Sie sind stets deutlich getrennt vom Gemüsegarten. Beachten Sie den weiten Abstand von Baum zu Baum.

Ein Hühnerparadies! Sämereien, Grünzeug, Würmer, Schnecken und Insekten, eine selbstgescharrte Wanne für das Staubbad und Schatten, wenn die Sonne brennt.

schaftung, die sich nach marktwirtschaftlichen Forderungen richtet, soll uns in diesem Buch nicht beschäftigen. Wir wenden unser Interesse den sogenannten Streuobstwiesen zu, das heißt der extensiven Bewirtschaftung. Zwar kommt es auch hierbei in erster Linie (wie stets auf dem Bauernhof) auf den Ertrag an, aber die Relation von Ertrag und Arbeitsaufwand muß stimmen. Bei weniger Arbeitsaufwand gibt es eben auch weniger Ertrag. Im Falle der Streuobstwiesen heißt das, niemand wird reich von ihnen, aber für die charakteristischen landschaftsgebundenen Obstgerichte, wie etwa »Reibekuchen mit Apfelmus« oder »Ballenklöße mit Apfelmus« (im ersten Fall sind die Kartoffelpuffer aus rohen, im zweiten Fall aus gekochten Kartoffeln gemacht), »Himmel und Erde« (= Eintopf von Äpfeln, Kartoffeln und Speck), »Zwetschgendatschi« (= Pflaumenkuchen), »Plumen und Klüten« (= Trockenpflaumensuppe mit Mehlklößchen), »Powidldatschkerl« (= Eierkuchen mit Pflaumenmus) und ähnliche kalorien- und schmalzstrotzende Köstlichkeiten sowie zur Mostbereitung und zur Direktvermarktung an Kenner und Liebhaber, die noch wissen, was wirklich gut ist, für alle diese Dinge reicht der Ertrag allemal.

Ein Hummelnest, bedeckt mit feingezupftem Moos. Ist das Frühjahr kalt, übernehmen die Hummeln die Bestäubung der Obstbäume.

Lebensraum Streuobstwiese

So ganz nach und nach hat sich im Baumgarten eine Lebensgemeinschaft entwickelt, deren Wert und Vielfalt (wie auch anderweitig oft) erst entdeckt wurde, als es den Streuobstwiesen an den Kragen, will sagen, den Bäumen mit der Säge an den Stamm ging. Es sei daran erinnert, daß die Landwirtschaftsministerien der Länder bis in die siebziger Jahre hinein Prämien für jeden abgeschlagenen Obstbaum zahlten. Ziel der Unternehmung war eine EG-diktierte Vereinheitlichung des Marktes, so daß es 1980 nur noch 70 Handelssorten von Äpfeln gab, davon 30 Hauptsorten, bei denen wiederum höchstens 10 den Markt beherrschen.

Und genaugenommen ist es eine Schande, daß ein Apfelland, wie es Deutschland seit jeher ist, hormonbehandelte und an die zweidutzendmal gespritzte Äpfel aus Ländern der südlichen Halbkugel einführt, weil der Markt ausschließlich nach optischen Kriterien urteilt und nicht nach der wirklichen Qualität. Daß es früher anders war, wird in späteren Kapiteln zu berichten sein.

Die Wiese unter den Obstbäumen wird selbstverständlich genutzt. Drei- bis viermal im Jahr wird sie gemäht und dafür wird sie ein- bis zweimal im Jahr mit Mist oder Jauche gedüngt, was natürlich auch den Bäumen zugute kommt.

Im übrigen findet man unter den Pflanzen der Streuobstwiesen außer den eigentlich in jeder normalen Wiese vorkommenden Pflanzenarten bisweilen auch wahre Raritäten. In Süddeutschland ist manche Obstwiese im Frühling wie von Schneeflecken bedeckt durch massenweises Vorkommen der Frühlings-Knotenblume *(Leucojum vernalis)*, und auch der Wiesen-Gelbstern *(Gagea pratensis)*, ein zierliches, gelbblühendes Liliengewächs, bildet in manchen Obstgärten geradezu leuchtendgelbe Teppiche.

Im Lebensraum Streuobstwiese fallen die zahlreichen Vögel ins Auge bzw. ins Ohr. Baumläufer und Kleiber betreuen die Stämme, Amsel und Star ziehen Würmer aus dem Boden oder klauben Insekten von den Gräsern, der Neuntöter spießt Raupen und Heuschrecken an die Dornen der Hecke, der Grünspecht hat die Ameisenhaufen am Boden gepachtet, und vielleicht ist gerade hier noch die Chance, das Flöten des Pirols und den larmoyanten Leiergesang des Wendehalses zu hören. Daß auch das herausfordernde Gelächter der zu Unrecht verfolgten und vielgehaßten Elster über die Streuobstwiesen schallt, und daß hier vielleicht auch noch der schneidige Sperber wie ein Blitz in den Spatzenschwarm fährt, rundet das Bild nur noch ab.

Auch bei Nacht herrscht keine Ruhe: Schleiereulen und Käuze fangen Mäuse. Marder, Baumschläfer und Spitzmäuse gehen ihren Obliegenheiten nach, und verschiedene Arten von Fledermäusen jagen nach Insekten. Igel und Erdkröten fangen am Boden Schnecken, Würmer und Insekten.

Beim Stichwort Insekten sind wir bei jenem Punkt, von dem auch Unerfreuliches zu berichten ist. Bei den Insekten und ihren Larven handelt es sich leider zum großen Teil um solche, die nach Kräften mit dem Menschen konkurrieren und ihm die Ernte streitig machen wollen.

Der Obstgarten

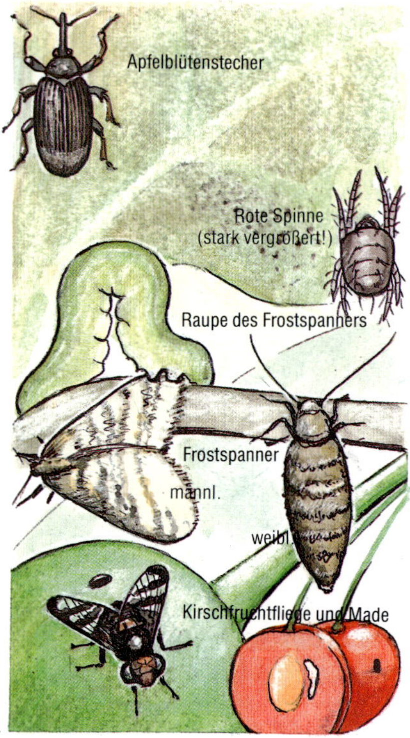

Schädlinge

Allein schon die Blattläuse und die noch unangenehmeren Schildläuse oder gar die »heimtückischen« Blutläuse saugen an den Bäumen. Ganz besonders unangenehm sind Spinnmilben, auch Rote Spinne genannt, deren Schäden oft erst entdeckt werden, wenn die Einbuße schon sehr hoch ist. Apfelwickler, das sind kleine graue Schmetterlinge, machen die Äpfel »wurmig«. Ihre vollgefressene Larve seilt sich vom Apfel aus ab, kriecht den Stamm hinauf und verpuppt sich unter loser Borke. Die Kirschfruchtfliege, ein nettes, buntes Insekt von Größe und Gestalt einer Stubenfliege, erzeugt die »madigen« Kirschen. Ihre Larven kriechen aus herabgefallenen Kirschen heraus und verpuppen sich im Boden, wo sie bis zum nächsten Frühjahr abwarten. Die Kirschfruchtfliege ist offenbar im Zunehmen begriffen und scheint sich auf eine Masseninvasion vorzubereiten. Das kommt zum großen Teil daher, daß heutzutage häufig die Kirschen am Baum hängen bleiben, und zwar vor allem dann, wenn sie »madig« sind und sich das Ernten nicht lohnt. Und genau damit hält man den Lebenskreislauf des Schädlings in Gang.

Pflege der Bäume

Die soeben gehörten Schreckensbotschaften legen die Frage nahe: Was tut man denn gegen den Überfall der vielen Schädlinge? Vor allem, wird im Baumgarten gespritzt?

Zu antworten wäre: In aller Regel halten die Nützlinge, von denen wir längst nicht alle genannt haben – es sei nur an Marienkäfer und Ohrenhöhler als Blattlausvertilger erinnert – die Schädlinge einigermaßen im Zaum. Die Natur spielt jedoch dem Menschen nicht in die Tasche. Es ist keineswegs so, daß man, wenn man nicht spritzt und auf ein sogenanntes natürliches Gleichgewicht hofft, zur Belohnung keine Schädlinge bekommt. Eine Lebensgemeinschaft,

wie etwa die der Streuobstwiese, hat sich nicht zu dem Zweck entwickelt, um für den Menschen Schädlinge zu beseitigen. Sie ist nicht für den Menschen da, sondern um ihrer selbst willen, und der Mensch ist nur einer von den vielen, die ernten wollen.
Wenn der Bauer ein bißchen Spaß hat am Obstbau, dann wird er viele vorbeugende Tricks anwenden, wie etwa das sorgfältige Aus- und Abschneiden geschädigter Äste und überhaupt den sachgerechten Baumschnitt. Er wird am Boden liegendes Obst nicht vor sich hinfaulen lassen, sondern sein liebes Weib bitten, es aufzuheben und in der Küche zu verwerten oder an Schweine und Kühe zu verfüttern oder es auf den Misthaufen zu werfen. Vor allem Zweige mit dem Blutlauskrebs wird er sorgfältig entfernen und die Tiere in den Winternestern am Grunde des Stammes vernichten, wobei allerlei hochprozentige Hausmittel – im Falle der Blutlaus ist es beispielsweise Spiritus mit etwas Schellack gemischt – angewendet werden. Im Herbst ist Rindenpflege angesagt. Die Borke, unter der, wie schon gesagt, eine Reihe von Schädlingen überwintern, wird glatt geschrubbt und mit einem Kalk-Lehm-Kuhmist-Anstrich versehen.

Birnengitterrost

Die Zweigmonilia bringt von den Zweigspitzen an die Sauerkirschen zum Absterben.

Die Fruchtmonilia ist an charakteristischen konzentrischen Pustelringen zu erkennen, wodurch die Früchte rasch verderben.

Der Obstgarten

Wenn der Bauer wirklich mit der Materie vertraut ist – und solche Sachverständige sind in vielen Dörfern zu finden –, dann zieht er womöglich sogar seine Unterlagen selbst heran und »pelzt« seinen Baumnachwuchs selbst, das heißt, er pfropft oder veredelt die jungen Bäume. Er ist meist so verbunden und »verheiratet« mit seiner Materie, daß er in Diskussionen Fachleuten das Staunen und Fürchten lehrt. (Ich weiß, wovon ich rede, mein Beruf bringt mich immer wieder mit solchen Experten zusammen).

Wichtige Winterarbeit für den Chef: fachgerechter Obstbaumschnitt.

Aber immer noch nicht ist die Frage beantwortet: Wird nun gespritzt oder nicht? Antwort: Nur selten, aber wenn, dann wird nicht gekleckert sondern geklotzt. Wenn man alten Bauern glauben darf, und ich glaube, man darf, dann wurde früher in einer Art gespritzt, die einem heute die Haare zu Berge stehen läßt. DDT, Lindan, Bleiarsen und andere inzwischen längst verbotene Gifte wurden ohne irgendwelche Schutzmaßnahmen »über den Daumen gepeilt«, nach dem Motto »Viel hilft viel«, bei Schädlingskalamitäten eingesetzt. Heutzutage, wo so viele Wildkräuter und heimische Tiere wie z. B. Schmetterlinge akut vom Aussterben bedroht sind, ist es aber ein wertvoller Beitrag zum Naturschutz, die Streuobstwiesen von chemischen Pflanzenschutzmitteln freizuhalten.

Eine »Streuobstwiese« im städtischen Garten?

Warum nicht? Sie sollten dann freilich gleich bei der Anlage der Wiese keine Rasensamenmischung für Zierrasen ausbringen, sondern für Landschafts- oder Kleerasen.
Die entstehende Wiese sollte dann konsequenterweise nur zweimal im Jahr gemäht werden. Die Baumschei-

ben sollten freigehalten und mit Tagetes oder Kapuzinerkresse bepflanzt werden.
Das nächste Kapitel sollte eigentlich der Sortenwahl gewidmet sein. Um aber für dieses höchst schwierige Unterfangen gerüstet zu sein, sollten wir uns zunächst ein wenig mit der Geschichte des Obstbaues beschäftigen, die ich persönlich sehr lehrreich finde und Sie, verehrte Leserin und verehrter Leser, hoffentlich auch.

Attraktiv und nützlich: Obstspalierbogen

Historisches Zwischenspiel über den Obstbau

Bei historischer Betrachtung des Bauerngartens fällt auf, daß zwei Kräfte die Entwicklung bis zum heutigen Tag prägen. Die erste ist revolutionärer Natur. Es gibt Phasen in der Geschichte, in denen in kürzester Zeit, oft in wenigen Jahrzehnten, sensationelle Neuerungen vor allem in bezug auf den Pflanzenbestand etabliert wurden. Die zweite Kraft ist evolutionärer Natur. Vorhandenes wird weiterentwickelt und Neues wird zögernd aufgenommen. Nachdem im Obstgarten und im Gemüsegarten, die ja auch funktionell voneinander

Obstallee als Verbindungsweg zum Dorf: Kulturdenkmal aus dem Zeitalter der Pomologie.

getrennt sind, diese Abläufe deutlich getrennt voneinander geschahen, empfiehlt es sich, die geschichtlichen Vorgänge getrennt darzustellen. (Gemüsegarten S. 92).

Die Römer

Äpfel und Birnen wurden in Mitteleuropa nachweislich schon in der Steinzeit genutzt. Es handelte sich jedoch dabei um Wildformen mit einer Fruchtgröße von kaum über 22 mm Durchmesser. Der gezielte Anbau von Obst geht, wie viele andere unserer kulturellen Errungenschaften, auf die Römer zurück. Als Besatzungsmacht importierten sie, wie das so üblich ist – wir kennen das an den Beispielen von Coca Cola, Jazz und Demokratie – ihren Lebensstil und ihre Gartenpflanzen ins rauhe, wilde Germanien. Kunstwerke aus römischer Zeit zeigen zauberhafte Wohngärten mit Blumen, Obst, dekorativem Geflügel und sprudelnden Brunnen.
17 Birnensorten, 8 Apfelsorten, 3 Quittensorten, Mispeln, mehrere Kirsch-, Pflaumen- und Pfirsichsorten sowie selbstverständlich auch Wein, Datteln, Feigen und Eßkastanien wurden im römischen Reich kultiviert. Bei den Kirschen wurde schon zwischen dunklen zartschaligen und Knorpelkirschen mit härterem Fleisch unterschieden, sowie auch bunte Kirschen (tricolore) waren schon bekannt.
Fünf Veredelungsmethoden wurden praktiziert.
Ausgehend von den Villen, die sich die römischen Offiziere und Verwaltungsbeamten in den von ihnen gegründeten Städten angelegt hatten – Köln, Xanten, Utrecht, Trier, Mainz, Augsburg und Regensburg seien als Beispiele genannt –, breitete sich die Gartenkultur bald über Germanien aus. Allerdings machten die Fortschritte im Obstbau, wo es um genaue technische Fertigkeiten und Kenntnisse geht, am sogenannten Limes halt, der als Grenzwall das besetzte südliche Germanien vom nördlich gelegenen freien Germanien trennte. Jahrhundertelang gestaltete sich deshalb der Obstanbau in Süddeutschland effektiver und fortschrittlicher als in Norddeutschland. Unter den zahlreichen römischen Gartenschriftstellern, auf deren Anweisungen die Gartenpraxis im gesamten Mittelalter in Deutschland fußte, sei besonders Lucius Junius Moderatus Columella (1. Jahrhundert n. Chr.) aus Cadiz (Spanien) genannt, und ihm sowie seinen beiden Hauptwerken »Über die Landwirtschaft« (De re rustica libri XII) und »Über die Bäume« (De arboribus) sei hiermit die verdiente Reverenz erwiesen.

Karl der Große

Königliche Herrscher, die sich darum kümmern, ob ihre Untertanen Äpfel, Kohl und Schnittlauch in ihren Gärten anbauen, sind rar. Karl der Große war ein solcher. Sachsenmörder, Sarazenentöter, Vater der Kreuzzüge, Heiliger, mythisch-legendärer König und ungemein rüstiges Mannsbild in einer Person, den größten Teil seines

Köstliches aus eigenem Anbau: Für die Lagerung darf der Keller nicht warm und trocken sein.

Lebens im Sattel verbringend, befahl und empfahl er mit genau der gründlichen Energie, die allen seinen Maßnahmen zugrunde lag, den Ausbau einer effektiven Gartenkultur.
Was mag ihn bewogen haben? War es die freundschaftliche Beziehung zu dem ebenso legendären Kalifen von Bagdad Harun al Raschid, von dem Karl der Große im Jahre 800 die Schlüssel Jerusalems erhielt? Das Morgenland hatte längst schon eine hochentwickelte Gartenkultur, als die Germanen noch auf der Bärenhaut lagen, will sagen auf die Jagd gingen und allenfalls Vieh züchteten. War es seine Beziehung zum seinerzeit maurischen Spanien, wo er, dem Rolandslied zufolge, in einem Baumgarten mit allerlei Getier empfangen wurde? Daraufhin plante er ebenfalls einen derartigen »Orchard«, also Obstgarten, für diplomatische Empfänge anzulegen, der mehr als 1000 Menschen Aufenthalt bieten sollte. Aber zurück zu seinem Volk. An seinen Königshöfen, die gleichzeitig die Funktion von Gutshöfen hatten, ließ er Gärten anlegen. Um Zufälligkeiten und Schlampereien auszuschalten, erließ er das berühmte Capitulare de villis, eine Landgüterverordnung, die besagte, welche Pflanzen in den Gärten anzubauen seien. Über das Obst heißt es: »Von den Bäumen wollen wir, daß man habe: Apfelbäume verschiedener Art, Birnbäume verschiedener Art, Pflaumenbäume verschiedener Art, Speierlinge, Mispelbäume, Edelkastanien, Pfirsichbäume verschiedener Art, Quittenbäume, Haselnußsträucher, Mandelbäume, Maulbeerbäume, Lorbeerbäume, Pinien, Feigenbäume, Nußbäume, Kirschbäume verschiedener Art.«
Dann wurde noch eine Reihe von Apfelsorten aufgezählt und betont, man möge süße, säuerliche Daueräpfel

und solche, die rasch gegessen werden müssen, anbauen.
Der eben genannte Speierling *(Sorbus domestica)* gehört zur selben Gattung wie Eberesche und Mehlbeere. Er hat gefiederte Blätter und doldenförmige Blütenstände. Seine Früchte, die es apfelförmig (var. *maliformis*) und birnenförmig (var. *pyriformis*) gibt, wurden und werden (soweit es den Speierling heute noch gibt) gerne bei der Mostbereitung mitverwendet, weil ihr hoher Gerbstoffgehalt dem Most einen kräftigen Geschmack, eine klare Farbe und größere Haltbarkeit verleiht.
Ebenfalls weitgehend aus der Mode gekommen ist die gerbstoffreiche

Ein Baum mit langer Tradition: der Speierling, heute eine echte Rarität.

Mispel *(Mespilus germanica)*, deren walnußgroße Kernfrüchte ein wenig an Quitten erinnern und sehr pektinhaltig sind. Genießbar sind sie für unsere verwöhnten Gaumen erst (falls überhaupt), wenn die zunächst rostroten Früchte eine schokoladenbraune Farbe angenommen haben. Sie können als natürliches Geliermittel bei der Geléezubereitung verwendet werden. Aber auch wenn ihre Früchte nicht unbedingt genutzt werden, ist die Mispel ein schöner Strauch, der als Solitärgehölz mit seinen großen weißen Blüten jedem Vorgarten zur Zierde gereicht.
Auffallend in der Pflanzenliste des Capitulare de villis sind die wärmeliebenden, mediterranen Arten, ein Umstand, der nicht nur darauf zurückzuführen ist, daß Karls des Großen Reich sich weit nach Süden ausdehnte, sondern auch darauf, daß zu jener Zeit im Zuge der klimatischen Schwankungen gerade eine ausgesprochene Warmzeit begann mit Rückzug der Gletscher, milden Wintern und Anbaumöglichkeit für Wein bis Südschweden.

Einfluß der Klöster auf den Obstanbau

Nachdem sich in den mittelalterlichen Klöstern die benediktinische Forderung »Ora et labora« durchgesetzt hatte, gingen die Mönche mit Feuereifer an die Weiterentwicklung des Obstanbaus. Die eben angesprochene Maxime »Bete und arbeite« war keineswegs als selbstverständ-

lich akzeptiert worden, denn im Mittelalter galt Handarbeit als unfein, als etwas, das man tunlichst Knechten, Bauern und Frauen überließ. Der legendäre Klosterplan von Sankt Gallen, im ersten Viertel des 9. Jahrhunderts entstanden, zeigt beispielhaft, welche Gartenteile zu einem Kloster zu gehören hatten. Das Adjektiv »legendär« ist ihm deshalb beigegeben, weil er in der idealen Planung, in der er vorliegt, sicher nie zur Ausführung gekommen ist. Es gibt einen Gemüsegarten, einen Arzneikräutergarten beim »Aderlaßhaus« und der Wohnung des Arztes, sowie einen Baum- oder Obstgarten, der gleichzeitig als Friedhof dienen soll. Darin liegt natürlich ein wunderbarer Symbolgehalt, denn der Obstbaum galt sowohl als Symbol des Kreuzes als auch der Auferstehung. Der Vollständigkeit halber sei gleich gesagt, daß es auf dem Plan von Sankt Gallen auch einen – offenbar gärtnerisch gestalteten – Kreuzgang gibt, in dessen Mitte ein Sadebaum *(Juniperus sabina)* angegeben ist, ein eigenartiges, giftiges Wacholdergewächs, dem wir noch einige Male begegnen werden.
Auch der berühmte Abt Walahfried Strabo (809–849) von der Insel Reichenau bringt gleich am Anfang seines »Hortulus« genannten, bedeutenden Gedichts eine entzückende Szene aus dem Obstgarten. Wir gedenken seiner in Ehrfurcht und Dankbarkeit, und wir wollen ihn später (S. 74) noch einmal zitieren. Übrigens legt das Gedicht nahe, daß es

»... Wo durch des
Pfirsichs Laub die
Sonne bricht
und ihre Lichter auf
dem Boden spielen,
Derweilen deiner
Schüler muntres Völkchen
Die Früchte aufliest mit
dem zarten Flaum
Und eifrig sammelt in
die weiten Netze,
Kaum will die kleine
Hand die Frucht
umspannen. –
Dann lies dies Büchlein,
bessre, was mißlungen,
Laß stehn, was mir
geriet, und denk an
mich ...«,

bereits Pfirsiche von respektabler Größe gegeben hat. Neuere Ausgrabungen in verschiedenen Landesteilen belegen, daß jeweils bald nach Gründung eines Klosters veredelte Zuchtformen von Obst auftauchen, was unter anderem an der zunehmenden Größe der Steine abgelesen werden kann.
Im späteren Mittelalter tritt in der Gartenkultur immer stärker die Idee des Lustgartens in den Vordergrund, wo man unter Bäumen auf dem Rasen lustwandelte. Dabei mußte man jedoch achtgeben, nicht unter den Schatten der falschen Bäume zu geraten, wie beispielsweise der krankmachenden Walnußbäume, während der Schatten von Weinstöcken, Apfel-

und Birnbäumen, Granatäpfeln, Lorbeer, Linden und Zypressen als sehr gesundheitsfördernd galt. Welch ein Repertoire an Gartengehölzen! Die Linde dürfte wohl der erste einheimische Baum gewesen sein, der absichtlich gepflanzt wurde, ohne daß man einen konkreten Nutzen von ihm hatte. Er spielt bis heute eine große Rolle als Dorfbaum.
Daß es bereits in römischer Zeit und dann wieder im späten Mittelalter Importobst gegeben hat, nämlich Feigen, Datteln, Weinbeeren und Eßkastanien, sei nur am Rande erwähnt.

Obstanbau zu Beginn der Neuzeit

Während des Mittelalters und zu Beginn der Neuzeit wird beim Obstanbau immer noch auf römische Gartenschriftsteller und die von ihnen beschriebenen Techniken zurückgegriffen, und nach den römischen Vorbildern werden sogenannte »Pelzbücher« herausgegeben, von denen das früheste (Mitte 14. Jahrhundert) von Gottfried von Franken stammt. In diesen Büchern werden Anweisungen über das Pelzen, also das Veredeln von Obstbäumen, gegeben.
Und schon der bis heute da und dort noch gebräuchliche Ausdruck »Pelzen« für Veredeln führt wieder auf die Römer zurück. Das lateinische Wort pellitare, in dem der Wortstamm pellis (Haut, Pelz und vielleicht auch Rinde) enthalten ist, hat sich in Deutschland zum »Pelzen« abgewandelt. Der ebenfalls im Obstbau verwendete Begriff »propagare« (= vermehren, fortpflanzen) wurde zu »pfropfen« und aus »imputare« (= einschneiden) wurde »impfen«.
Außer den genannten Pelzbüchern wurde auch sonst allerlei Fachliteratur zum Thema Gartenbau verfaßt. Diese Veröffentlichungen sind als sogenannte »Hausväterliteratur« in die Kulturgeschichte eingegangen: Vor allem sei Johannes Colerus genannt, der ein umfassendes Werk über Gartenbau und Landwirtschaft an der Wende vom 16. zum 17. Jahrhundert veröffentlichte. Seine Bücher und die gesamte Hausväterliteratur verströmen , obwohl es sich bei den Verfassern meist um hochgebildete Humanisten handelt, einen Duft nach angewärmten Pantoffeln und Spießigkeit, und sie lesen sich so, als hätte es damals nicht einen gewaltigen Aufbruch in neue Welten sowohl geographisch als auch geistig gegeben.
Andererseits umgab man die Techniken des Veredelns mit allerlei geheimnisvollem Brimborium – »Kunststücke« genannt –, die nur vom Obstmeister, dem »Magister pomi« beherrscht wurden, der berufsmäßig zum Veredeln und zur Baumpflege über Land zog. So mußte man beispielsweise Hechtblut beim Veredeln zwischen Stamm und Pfropfreis gießen, um rote Äpfel zu bekommen und zerkauten Zimt hinter die Rinde spukken, damit die Äpfel besonders aromatisch wurden.
Von den Bauern und ihrem Gartenbau hielt der vorhin genannte Colerus

herzlich wenig. Er nörgelt über sie, wo er nur kann und behandelt sie wie störrische, etwas unbedarfte Kinder. Vor allem finde man kaum Obstbäume. »Man muß das grobe Volk mit großem Ernst darzu halten, daß sie Obstbäume zeugen«, und mit treudeutschem Vertrauen auf Weisheit und Wirksamkeit obrigkeitlicher Anordnungen fügt er hinzu: »Wenn ich Oberkeit wäre, so wollte ich ihnen mit Ernst auferlegen, daß ein jeder Bauer das Jahr zum wenigsten 6 oder 8 Stämme setzen und pfropfen und allerlei Obst in die Gärten zeugen müßte.«

Aufbruch ins Zeitalter der Pomologie

Eine derartige obrigkeitliche Verfügung erließ bald nach dem Dreißigjährigen Krieg Kurfürst Wilhelm von Brandenburg (1620–1688), genannt »Der Große Kurfürst«, in Form der sogenannten Ehestandsbaumgesetze. Jedes Brautpaar hatte vor seiner Eheschließung eine bestimmte Anzahl von Bäumen zu pflanzen. Es sei daran erinnert, daß in Norddeutschland, wo der Einfluß der Römer fehlte, noch mehr als eineinhalb Jahrtausende nach deren Abzug der Obstbau immer noch im argen lag. Aber auch Friedrich der Große, die Herzöge und späteren Könige von Württemberg und die Markgrafen von Baden sorgten durch rigorose Verordnungen für die Verbesserung des Obstanbaus. Baumschulen wurden angelegt und Bäume an die Bauern verschenkt. Obstbaumalleen wurden gepflanzt und die eine oder andere Ödlandfläche mit Obstbäumen bestellt. Diese Maßnahmen sind bis heute unmittelbar in unserer Landschaft abzulesen.

Nur ein Blick sei in die Gärten der feinen Leute gerichtet: Hier gab man sich nicht mehr mit Äpfeln, Birnen und ähnlich ordinärem Obst ab, sondern ärgerte sich mit Zitronen, Orangen, Pomeranzen, Granatäpfeln, Feigen und anderen anspruchsvollen Bäumen herum – man fand dafür die Bezeichnung »Obstbau in Scherben« (= in Töpfen und Kübeln) –, die im Winter in Gewächshäuser, die sogenannten Orangerien, gebracht werden mußten.

Insgesamt darf vielleicht gesagt werden, daß bis zum Ende des 18. Jahrhunderts landauf landab wohl jeder Landwirt, der nur einigermaßen mit der Zeit ging, seinen Obstgarten gehabt haben dürfte. Obstanbau in größerem kommerziellen Stil ergab keinen Sinn, weil es außer dem Dörren und dem Einkochen zu dickem Mus sowie in Süddeutschland der Bereitung von Obstwein noch keine brauchbaren Konservierungsmethoden gab.

Das wurde zu Beginn des 19. Jahrhunderts anders. Diese Zeit war geprägt durch eine für uns heute unvorstellbare Agrarkrise mit Übervölkerung im Vergleich zum Ertrag, echten Hungersnöten und einer sich anbahnenden Klimaverschlechterung. In dieser Zeit, als die Auswanderer nach

'Alexander Lucas'

'Prinz Albrecht v. Preußen'

'Grahams Jubiläumsapfel'

Amerika strömten, ging es darum, für die darbende Landwirtschaft neue Verdienstmöglichkeiten zu erschließen. In dieser prekären Situation schrieb der bayerische Agrarpädagoge J. E. Fürst (1841): »Doppelt zinsbar wird uns der Erdball, wenn wir durch allgemeinen Obstbau auch den Luftraum in Besitz nehmen.« Mit Obstbäumen wohlgemerkt, nicht mit Düsenjets.

Das große Zeitalter der Pomologie
Eine Fülle von Obstbau-wissenschaftlicher Fachliteratur entstand, die natürlich auf dem Lande vor allem von Pfarrern und Lehrern, aber auch von Ärzten und Apothekern gelesen, praktiziert und an die Bauern weitergegeben wurde. Mancher heute noch mit Obstbäumen bewachsene Hang geht auf die Aktivitäten von Pfarrern und Lehrern zurück, die in den Dürre- und Hungerzeiten in den vierziger Jahren, als in ungünstigen Gegenden endgültig der Wein erfror, die Bauern ihrer Gemeinde zum Obstbau anleiteten.
In Bayern leben in manchen Dörfern bis heute die Leistungen solcher Persönlichkeiten im Gedächtnis weiter, so beispielsweise der »Baumsepp«, Geistlicher Rat Josef Dürrnegger im Landkreis Rosenheim, und der »Apfelpfarrer« Korbinian Aigner im Landkreis Freising. Der eine oder andere gründete seinerzeit die ersten Obst- und Gartenbauvereine, die inzwischen von den Landesverbänden für Obst- und Gartenbau, von den Land-

wirtschaftsämtern und von den Kreisfachberatern an den Landratsämtern betreut und beraten werden. Einschlägige Vorträge und Baumschnittkurse auf den Dörfern erfreuen sich großen Zuspruchs bei der Bevölkerung.
Bis in dieses Jahrhundert hinein richteten sich die wissenschaftlichen Bestrebungen im Obstanbau vor allem auf eine Vermehrung des Sortenreichtums. Nur jener Obstanbauer galt etwas, der möglichst viele, möglichst ausgefallene und möglichst weit hergeholte Sorten aufzuweisen hatte.
Ergebnis war ein Sortenwirrwarr ohnegleichen, in dem niemand mehr den Durchblick hatte. Besonders beliebt war das Veredeln mehrerer Sorten an einem Baum. So soll Superindendent Johann Georg Conrad Overdiek auf einem einzigen Bäumchen 300 Sorten (!) vereinigt haben, und insgesamt soll er über 4000 Obstsorten auf solche »Sortenbäumchen« veredelt haben, (falls das kein Obstlatein ist). Der eben genannte Overdiek war Mitbegründer des deutschen Pomologenvereins und gab zusammen mit E. Lucas und F. Jahn das insgesamt elfbändige Standardwerk »Illustriertes Handbuch der Obstkunde« heraus, in dem 689 Apfel-, 762 Birnen-, 232 Kirschen-, 280 Pflaumen-, 88 Pfirsich-, 150 Stachelbeer-, 36 Johannisbeer-, 36 Himbeer- und 11 Brombeersorten ausführlich beschrieben sind.
Das war jene Zeit, in der bisweilen selbst in entlegene Gemeinden und Landschaften höchst ausgefallene Obstsorten gelangt sind. Wo sie sich bewährten, wurden sie weiter gezüchtet und haben sich zum Teil bis heute als sogenannte Lokalsorten (die in keinem Sortenkatalog stehen) gehalten und verdienen genau den gleichen Schutz wie beispielsweise das Edelweiß im Gebirge.
Auf der Pomologentagung 1857 in Gotha wurde die Reichsobstsortenliste noch einmal erheblich erweitert, aber gleichzeitig wurde wieder der Ruf nach der Obrigkeit laut, dieses Mal um eine Sortenbeschränkung zu erreichen.
Gut hundert Jahre lang wurde das Sortenchaos als Krebsschaden des Obstbaues beklagt. 1960 gab es eine neue Bundessortenliste für Äpfel als wichtigster Obstart, die 16 marktkonforme Apfelsorten enthält, die sich mit ihrem Obst-Appeal an das »Augentier« Mensch wenden und von denen man weiß, was man hat und was man nicht hat, wenn man sie kauft. Aber gerechterweise muß gesagt werden, daß bei Geschmackstests mit repräsentativ ausgewählten »Apfelkostern« die neuen Sorten besser abschneiden als die meisten alten.
Kenner und Liebhaber schätzen die Direktvermarktung aus nicht allzu kommerziell gehandhabtem Obstanbau, von mist- oder kompostgedüngten Bäumen, wo man mit dem Chef ein bißchen fachsimpeln kann, und wo der Geschmack der Früchte noch Überraschungen bietet.

Der Obstgarten

Kurze Anmerkungen über die Unterlagen

Bekanntlich entscheidet das Edelreis, das bei der Veredelung dazu gebracht wird, mit der Unterlage zu verwachsen, darüber, von welcher Sorte die Früchte sein werden, also ob 'Gravensteiner', 'James Grieve' oder 'Signe Tillisch'. Von der Unterlage hängen jedoch nicht nur, aber weitgehend, beispielsweise die Wuchsform, die Resistenz oder Anfälligkeiten gegen bestimmte Krankheiten sowie sonstige wichtige Eigenschaften ab. Vor allem in der Obstbauversuchsanstalt East Malling (England) wurden Unterlagen gesammelt, geprüft und typisiert. Das »M« bezeichnet die dort herangezogenen Klone (letzterer Fachausdruck aus der Genetik bezeichnet Pflanzen oder Tiere mit exakt den gleichen Erbanlagen, so wie es etwa bei eineiigen Zwillingen der Fall ist). Die Zahlen hinter dem M bezeichnen das Pflanzbeet (es waren zunächst 16, später 27), von dem der Sämling stammt. Die Zusammenarbeit mit der Versuchsanstalt Merton bei London ergab die MM-Serie.

In Dresden-Pillnitz wurden die R-Klone und in Berlin-Dahlem die Da- und Dab-Klone selektiert.

Ähnliches wäre natürlich auch von den anderen Obstarten zu berichten. Bei den Birnen beispielsweise ist die Quitte A (Quitte von Angers) die gebräuchlichste Unterlage, aber es wird auch mit anderen, beispielsweise mit

Obsthaine am Dorfrand: oft ein Verdienst von Pfarrern und Lehrern.

Weißdorn experimentiert. Bei Kirschen werden derzeit, wegen der sonst problematischen Erntearbeit, noch Unterlagen für kleinkronige Bäume gesucht. Als nicht besonders befriedigend gilt der Wissensstand bei Unterlagen für Pflaumen und Zwetschgen.

Arten und Sorten

Wahrscheinlich langweile ich Sie mit der folgenden kurzen Ausführung. Sie ist für Nichtfachleute gedacht: Es geht um die Begriffe »Art« und »Sorte«, die jetzt schon immer wieder verwendet wurden und auch weiterhin bei Blumen und Gemüsen vorkommen werden.

»Art« oder lateinisch »Spezies« ist ein biologischer Fachausdruck. Die Angehörigen einer Art haben konstante erbliche Eigenschaften, durch die sie sich von den Angehörigen anderer Arten abheben. Innerhalb einer Art jedoch variieren die Eigenschaften der Lebewesen ein wenig. Als Beispiel sei die unterschiedliche Haar- und Hautfarbe bei Menschen genannt. Lebewesen, die verschiedenen Arten angehören, können sich in der Regel nicht untereinander fortpflanzen oder bringen unfruchtbare Nachkommen hervor. Lebewesen einer bestimmten Art werden wissenschaftlich seit Carl von Linné (1707–1778) mit zwei Namen (dem Gattungsnamen und dem Artnamen) benannt, z. B. heißt der Garten-Apfelbaum *Malus domestica*.

Der Ausdruck »Sorte« hingegen ist ein gärtnerischer Fachbegriff einer bestimmten Gemüse-, Obst- oder Blumenart, bei der gewisse erwünschte Eigenschaften verstärkt ausgeprägt sind. Der Sortenname wird korrekterweise in einfache Anführungszeichen gesetzt, also beispielsweise 'Schöner von Boskoop', 'Klarapfel' usw., eine Vorschrift, die allerdings, wie so vieles, derzeit abzubröckeln beginnt.

Sortenwahl

Mit diesen historischen Vorkenntnissen ausgerüstet, sollten wir jetzt noch einige aktuelle Problemstellungen des heutigen Obstanbaues erörtern. Allgemeingültige Ratschläge zur Sortenwahl zu geben, wäre unseriös. Zu unterschiedlich sind die Boden- und Klimabedingungen in Deutschland, und ebenfalls sehr unterschiedlich sind die Ansprüche der verschiedenen Apfel-, Birnen-, Zwetschgen- und Kirschsorten. Das sei nur an ganz wenigen Beispielen aufgezeigt.

Der ausgezeichnete 'Ontario-Apfel' braucht genügend feuchten Boden, sonst bekommt er leicht Mehltau. Der 'Gelbe Köstliche' bleibt nur in Weinbaulagen wirklich gesund. Bei der 'Williams-Christ'-Birne wird auf schweren Tonböden das Fruchtfleisch nicht schmelzend. Die 'Hedelfinger'-Knorpelkirsche ist überhaupt nicht anspruchsvoll gegenüber Boden und Klima, beginnt aber erst spät zu tragen. Bei der 'Schattenmorelle' muß, je nach den klimatischen Bedingungen, auf die Unterlage geachtet werden: auf leichteren Böden ist *Prunus mahaleb,* auf schweren Böden *Prunus avium* zu empfehlen. Die an sich ausgezeichnete frühtragende Pflaumensorte 'Czar' ist für leichte Böden nicht geeignet. Schon diese Ausführungen zeigen, das gilt für städtische Gärten ebenso wie für bäuerliche Gärten, daß die Sortenwahl Fingerspitzengefühl erfordert.

Neue kontra alte Sorten

Immer wieder ist derzeit der Ruf zu hören, man möge doch bitte gefälligst die guten alten Sorten erhalten und gegenüber den schlechten neuen fördern. Das Erhalten alter Sorten ist natürlich wirklich ein wichtiges Anliegen, denn es wäre ein Jammer, wenn der rosarote 'Borowinka', der goldgelbe rotgeflammte 'Jakob Lebel' oder der heftigrote 'Geheimrat Dr. Oldenburg' verloren gingen. Aber einerseits ist »alt« nicht immer gleichbedeutend mit »gut«, und selbst die so oft beschworene größere Resistenz alter Sorten gegen Krankheiten ist häufig bloß ein frommer Wunsch, denn Schädlinge und Krankheitserreger »erlernen« innerhalb oft nur weniger Generationen, die Abwehrkräfte der Pflanze zu überwinden, was diese wiederum anregt, neue Abwehrschranken aufzubauen und so weiter. Andererseits ist manches, was uns »neu« erscheint, in Wirklichkeit älter als gedacht. Auch diese Aussagen seien nicht systematisch (dazu wäre ein eigenes Buch nötig), sondern in einer Art Quodlibet dargelegt und gleich noch mit einigen Spezialinformationen über Düngung, Anfälligkeit und sonstige Schikanen angereichert.

Die so gut und alt wirkende Sorte 'Schöner von Boskoop' in seiner heute fast ausschließlich angebotenen roten Variante stammt von 1923, ist also eine neue Sorte. Er ist triploid, das heißt, er hat in seinem Erbgut einen dreifachen Chromosomensatz (im Gegensatz zum sonst üblichen zweifachen Chromosomensatz) und ist damit als Pollenspender für alle anderen Apfelbäume ungeeignet. Er darf übrigens keinen Stickstoffdünger bekommen, auch keinen Kompost.

Viel älter als der Boskoop ist der immer noch hochaktuelle 'Cox-Orange', der seit 1830 bekannt ist. Er kränkelt, wenn er zu wenig Kalium und Magnesium bekommt. Wühlmäuse finden ihn im Obstgarten mit tödlicher Sicherheit heraus und benagen sorgfältig seine Wurzeln.

Auch die Modesorten 'Golden Delicious' und 'Granny Smith' sind nicht neu, sondern stammen aus dem vorigen Jahrhundert. Sie eignen sich jedoch weniger für den privaten sondern vor allem für den professionellen Intensivanbau, denn sie brauchen viel fachmännische Pflege und übrigens auch viel genau abgestimmten Dünger.

Eine wirklich sehr alte Sorte ist der 'Große Rheinische Bohnapfel'. Sein ehrwürdiges historisches Alter und seine Eignung als Mostapfel wird jedoch den Durchschnittsgartenfreund kaum animieren, ihn in sein Baumsortiment aufzunehmen. Er ist vor allem ein Baum für Straßenalleen und Viehweiden.

Äpfel können sich nicht selbst befruchten, sondern brauchen Pollen von einer anderen Sorte, was mit Hilfe der Bienen bewerkstelligt wird. Auch da gibt es wieder Sorten, die als Pollenspender gut, schlecht oder unbrauchbar sind. Gute Allzweck-Pollenspender sind 'Klarapfel' und 'Ontario', ein schlechter Pollenspender ist der gute alte 'Bohnapfel', und unbrauchbar sind 'Harbert' sowie, wie schon gesagt, der 'Boskoop'. Angesichts dieser kleineren und größeren Bosheiten beim Apfelanbau muß man sich wahrhaftig wundern, daß die ganze Chose doch meistens über Erwarten gut klappt.

Birnen brauchen im allgemeinen nicht so gute Böden wie Äpfel: sie kommen auch mit leichteren, ärmeren Böden zurecht. Einige wirklich gute bekannte Sorten jedoch, wie etwa die 'Gute Luise' und 'William's Christ' sind, vor allem in feuchten Jahren, anfällig für Schorf. Überhaupt scheinen die Birnbäume und ihre Früchte in zunehmendem Maß von Pilzerkrankungen heimgesucht zu werden. Der Birnengitterrost beispielsweise, der sich durch orangerote, gitterförmig gemusterte Flecken und später durch Pusteln bemerkbar macht, war früher recht selten und nicht schlimm. Inzwischen gibt es Bäume, bei denen jedes Blatt befallen ist, was sich auf den Ertrag negativ auswirkt. Der Pilz, der diese Krankheit hervorruft, überwintert normalerweise auf Zierwacholderbüschen, vor allem dem Sadebaum. Mittlerweile hat er sich jedoch offenbar von diesem Wechselspiel mit dem Wacholder gelöst und ist dadurch allgegenwärtig und viel aktionsfähiger geworden.

Auch der Moniliapilz, der an den Früchten Fäulnis mit charakteristischer ringförmiger Pustelbildung erzeugt, scheint sich zum Großangriff zu rüsten (Stand von 1989). Vor allem in Wespenjahren kommt kaum eine Birne mit heiler Haut davon, denn die Nagelöcher sind Eintrittspforten für die Erkrankung, und noch dazu bringen die Wespen an Beinen und Rüsseln die Pilzsporen mit. Außerdem werden abgefallene Früchte nicht mehr so sorgfältig vom Boden aufgelesen wie früher, sondern sie bleiben massenhaft verfaulend unter den Bäumen liegen, so daß man den Eindruck gewinnt, als seien inzwischen die Gärten hoffnungslos mit den Sporen schädlicher Pilze verseucht.

Das gilt auch für den Pilz, der bei Sauerkirschen die Zweigmonilia hervorruft, was sich als fortschreitendes Absterben von den Zweigspitzen nach unten manifestiert. Um diese Erkrankung einigermaßen zu vermeiden und um die Entwicklung frischer Äste zu fördern, müssen Sauerkirschen nach der Ernte regelmäßig und ziemlich kräftig geschnitten werden, näm-

lich ein Drittel bis fast die Hälfte vom Holz sollte herausgenommen werden. Süßkirschen dagegen dürfen in aller Regel nicht geschnitten werden. Wer einmal damit anfängt, wird bald Gummifluß haben, eine durch ein Bakterium der Gattung *Pseudomonas* erzeugte fortschreitende Erkrankung. Sauerkirschen übrigens brauchen eine ausreichende, auch stickstoffhaltige Düngung, während Süßkirschen keinen Stickstoffdünger bekommen dürfen, sondern auf sauren Böden etwa alle drei Jahre eine Erhaltungskalkung brauchen. Ganz allgemein ist zur Blüten- und Fruchtförderung auf eine ausreichende Versorgung des Bodens mit Phosphat und Kalium zu achten.
Das ist nun ein sehr langes Kapitel geworden, und ganz nebenbei ist auch schon auf die Bedeutung der Bienen hingewiesen worden. Wir kommen nicht darum herum, noch ein wenig eingehender über die Bedeutung der Bienen zu sprechen, denn sie sind vom bäuerlichen Garten, vor allem vom Obstbau nicht zu trennen. Aber selbst bei der Sortenwahl sind die Bienen nicht außer acht zu lassen. Nicht alle Obstsorten nehmen sie gleich gern an. Die Blüten der 'Koräser Weichsel', einer an sich sehr schmackhaften Sauerkirschsorte, mögen sie nicht, hingegen die Sorte 'Morellenfeuer' ausgesprochen gern.

Die Bienen und die Bestäubung der Obstbäume

Bienen sind keine Haustiere. Im Gegensatz zum Beispiel zu den Kühen, die das Personal kennen, das sie bedient, ist den Bienen der Imker egal. Sie können durchaus für sich sorgen, und fänden sie im Wald genügend

Obstbäume, Bienen und der Imker praktizieren eine Beziehung, von der alle profitieren. Der traditionelle Standort für das Bienenhaus ist der Rand des Obstgartens.

hohle Bäume zur Anlage ihres Nestes, und würde der Imker nicht ausgeschwärmte Völker wieder einfangen, könnten sie zu ihrer ehemaligen Lebensform zurückkehren. Es sei daran erinnert, daß die Ausbeutung der Bienen durch den Menschen damit begann, daß der Honig wildlebender Bienen eingebracht wurde, indem das Bienenvolk ausgebrannt wurde. In mittelalterlichen Verordnungen ist zu lesen, daß im Wald nur der Köhler und der »Zeidler«, so nannte man den Bienensachverständigen, Feuer machen durften.
Karl der Große, der mit seinem überragenden Organisationstalent die wirtschaftlichen Erfordernisse seines Volkes auf den Punkt brachte, befahl in einem seiner zahlreichen »Capitulare«, daß auf seinen Meierhöfen die Bienenzucht zu fördern sei. Seither wurde und wird Imkerei im landwirtschaftlichen Nebenerwerb betrieben. Der Weg dazu ist längst nicht so weit gewesen wie bei der Domestizierung anderer Tiere. Zuerst wurden jene Stücke aus hohlen Bäumen herausgesägt, in denen sich Bienenstöcke befanden. Diese wurden beim Haus aufgestellt: »Klotzbeute« nannte man einen solchen urtümlichen Bienenstock. Dann wurden, bis in unser Jahrhundert hinein, den Bienen Körbe zum Nestbau angeboten. Inzwischen sind es Kästen, die es dem Imker erleichtern, am Bienenstock zu arbeiten.
Bienen sind ungemein zuverlässige Arbeitstiere. Mit Hilfe eines ausgeklügelten Signalsystems, der von meinem hochverehrten Lehrer Karl von Frisch erforschten Bienensprache, vereinbaren sie, welche Honig- und Pollenquellen in welcher Reihenfolge erschlossen werden sollen. Sie sind dabei ausgesprochen blütenstet, das heißt, es wird fertiggemacht, was begonnen wurde, so daß gewährleistet wird, daß die richtigen Pollen zur richtigen Blüte kommen. Deshalb funktioniert ja auch die Bestäubung durch die Bienen so gut, es sei denn, es ist zu kalt während der Blütezeit.
Dann ist man auf die Bestäubung durch die Hummeln und einige Zufallsbesucher aus dem Insektenreich angewiesen. Der Hummelstaat ist jedoch sehr viel kleiner, vor allem im Frühling, und längst nicht so effektiv durchorganisiert wie der Bienenstaat. Aber besser als nichts ist es doch. Deshalb sind Hummelnester, die sich oft in verlassenen Mauselöchern befinden, zu erhalten und pfleglich zu behandeln.

Haben Sie bemerkt, daß bis jetzt eigentlich nur vom Bauern die Rede war? Der Bauer setzt die Bäume, er schneidet sie, er »pelzt« und »okuliert«, er fährt, wenn nötig, wie ein Wirbelwind gegen Schädlinge los, er pflegt die Bienen und fängt ausreißende Schwärme ein.
Auf dem Lande klappt die Rollenverteilung der Geschlechter noch einigermaßen. Da darf nicht jeder oder jede alles. Aber jetzt treten wir ins Reich der Bäuerin ein.

Schöne Pflanzen am Haus

Allgemeines, Spalierobst, Kletterpflanzen

Wenn wir uns dem Bauernhof immer mehr nähern, fällt uns als erstes der Vorgarten mit seiner meist farbenprächtigen Bepflanzung ins Auge. Und das ist auch sein Sinn und Zweck. Er hat Repräsentationscharakter, und selbst Volksstämme, die als sprichwörtlich sparsam gelten, lassen sich bei der Ausstattung nicht lumpen. Er hat noch nichts mit dem fast immer umzäunten Garten zu tun, in dem natürlich auch Blumen, vor allem aber Gemüse und Küchenkräuter angebaut werden. Bisweilen ist in die Zierbepflanzung am Haus ein Obst- oder Weinspalier einbezogen. Diese zu schneiden und zu pflegen ist wieder Sache des Bauern. Vor allem die edlen, großfrüchtigen Birnensorten, wie etwa 'William's-Christ-Birne', 'Clapps Liebling' (auch 'Clubs Liebling' geschrieben), 'Herzogin von Neapel', 'Alexander Lukas', 'Edelcrassane' und 'Winterdechantbirne' gedeihen, angelehnt an die warme Hauswand, auch in ungünstigeren Lagen zu herrlichen, honigsüßen Exemplaren heran. Gerade die in der vollen Sonne sich entwickelnde Süße ist das Hauptkriterium, das die Spalierzucht vor allem in früheren Jahren interessant machte. Denn, das sollten wir nicht vergessen, die alten Zeiten waren saure Zeiten.

Bunt, fröhlich, repräsentativ, das ist das Ziel der Vorgartengestaltung. Ohne große Überlegung wird gepflanzt, was gefällt.

In geschützteren Alpentälern wird manchmal auch die Aprikose an der Hauswand gezogen oder auch einmal ein Pfirsichbäumchen. Beide eignen sich am besten für ein naturnahes Fächerspalier.
In Weinbaudörfern wächst an den Hauswänden der Wein geradezu als eine Art Wahrzeichen. In kühleren Gegenden lohnt sich die Anzucht am Haus oder an der warmen Scheunenwand auch. Man muß nur zusehen, daß man relativ frühreifende Sorten, wie etwa 'Früher Malinger' oder 'Blauer Trollinger' verwendet.

Schön und nützlich zugleich: Weinspalier an der Südwand, auch etwas für kühlere Lagen.

Selbst im Hochgebirge bringt der Aprikosenbaum an der warmen Wand regelmäßig süße Früchte hervor.

Schöne Pflanzen am Haus

Auch andere schmückende Kletterpflanzen werden gerne verwendet, vor allem die verschiedenen *Clematis-Jackmannii*-Hybriden. In kälteren Lagen ist es empfehlenswert, spätblühende Sorten (Juli bis Herbst) zu bevorzugen, weil diese am neuen Holz blühen und Zurückschneiden gut vertragen. Frühblühende Sorten (ab Juni) setzen die Knospen für die nächstjährigen Blüten bereits im September an. Das hat zur Folge, daß bei eventuellem Zurückfrieren im Winter die Blütenknospen mit erfrieren, und beim Zurückschneiden werden natürlich auch die kostbaren Blütenknospen weggenommen.
Sehr empfehlenswert und auch winterhart sind die ab Mai rosablühende und sehr üppig rankende *Clematis montana rubens* sowie die mit gelben Glöckchen im Juni und noch einmal im September blühende *Clematis tangutica,* die übrigens auch zauberhaft schöne Fruchtstände hat.
Ebenso wird eine der rankenden Geißblattarten gerne an einer Mauerecke hinaufgezogen. Vor allem das wohlriechende Jelängerjelieber *(Lonicera caprifolium)* hat eine lange Tradition. Nicht so oft am Wohnhaus, jedoch an sonstigen Mauern läßt man bisweilen auch den Efeu *(Hedera helix)* oder eine der Arten oder Sorten des Wilden Weins *(Parthenocissus quinquefolia, P. tricuspidata)* hinaufklettern oder hinunterwachsen.
Ebenfalls in einem Sicherheitsabstand vom Haus, also beispielsweise am Schuppen oder an der Scheune läßt man den Schling-Knöterich *(Polygonum auberti)* sich austoben, wohl wissend, daß dieser wildwütige Westasiat Dachrinnen erwürgt oder

Elegant und bodenständig gleichzeitig: Kletterrosen in robusten Sorten.

Repräsentative Raritätensammlung beim Haus.

die Verankerung von Blitzableitern aus der Wand dreht, wenn man seine Wuchsfreudigkeit nicht mit der nötigen Entschlossenheit und Charakterstärke im Zaum hält.
Auch von den Kletterrosen müßte eigentlich jetzt die Rede sein. Wir werden aber diesen Blumenköniginnen ein eigenes Kapitel widmen.
In manchen Gegenden sind Vorgartenzäune üblich, denen man nach Material und Verarbeitung ansieht, daß sie repräsentativen Charakter haben sollen, auch wenn sie bisweilen schon alt sind und durch romantische und höchst fotogene Ungepflegtheit bestechen.

Hausbaum und Dorfbaum

Wie bei jedem anderen Garten auch, fängt man tunlichst bei den Gehölzen an. Oft hat ein Hof einen Hausbaum, der geradezu wie ein Wahrzeichen weit zu sehen ist.
Dr. Peter Titze (Erlangen) hat eingehend das Inventar bayerischer Bauerngärten studiert. Auf seine Untersuchungen sowie auf eigene eingehende Beobachtungen stützen sich die folgenden Ausführungen.
Häufig ist die Linde, vor allem die Sommerlinde *(Tilia platyphyllos),* zu finden, auch auf dem Anger als Dorfbaum. Bräuche, Feste, Tänze, Versammlungen, Klatschgeschichten und das Anknüpfen mehr oder weniger zarter Bande beschirmte und beschirmt die Dorflinde mit ihrer ausladenden Krone.
Als Haus- und Dorfbaum wird oft auch die ebenfalls höchst ausladende Roßkastanie gewählt. Seltener ist der Bergahorn als Hausbaum zu finden, etwas häufiger die Birke, von der mir allerdings immer wieder gesagt wurde, sie gehöre eigentlich nicht in und an den Garten, weil sie eine Nährstoffräuberin sei und allen anderen Pflanzen das Wasser wegsaufe. In Auenlandschaften gibt es die Eiche, Esche, Flatterulme oder Trauerweide. Vor allem im Bergland sind auch Bergulme und Vogelbeere zu finden.
Als Hausbaum werden selbstverständlich auch »nützliche«, das heißt fruchttragende Bäume verwendet,

Buntes Blumenband zwischen Straße und Hofeinfahrt, Ausdruck dörflicher Lebensqualität.

vor allem ein riesiger Birnbaum oder ein ausladender Kirschbaum stehen bisweilen am Hofeingang. In einigermaßen warmen Gegenden wird vor allem der Walnußbaum gepflanzt. Er wurde, wie so vieles auf dem Lande, wo die Menschen sich früher mehr als heute natürlichen und übernatürlichen Kräften ausgeliefert fühlten, als Orakel benützt: wenn es viele Nüsse gab, gab es im Jahr darauf angeblich viele Buben. In wirklich warmen Gegenden kommt auch die Eßkastanie vor.

Nun seien noch einige Raritäten genannt, die sicher früher häufiger waren; inzwischen braucht man jedoch, wenn man sie finden will, viel Geduld und einiges Glück beim Suchen.

Hier wäre der schon genannte (S. 28) Speierling zu nennen, der vor allem in Mittel- und Unterfranken da und dort noch vorkommt und wohl nur deshalb voraussichtlich und hoffentlich nicht aussterben wird, weil er inzwischen forstfachmännisch und mit Mühe wieder neu vermehrt und aufgezogen wird. Ich habe ihn, ehrlich gesagt, als Hausbaum nirgends mehr entdecken können, sondern ein schönes, uraltes Exemplar in der Nähe von Uffenheim am Waldrand fotografiert.

Ebenso altmodische Gewächse sind zwei Unterarten der Spezies Pflaume *(Prunus insititia)*, nämlich die Krieche (oder Haferpflaume) und die Zipper (oder Ziparte). Die erste *(P. insititia* var. *juliana)* wird bereits in den Werken der Hildegard von Bingen (1098–1179) und des Albertus Magnus (1193–1280) genannt. Ihr deutscher Name drückt sehr deutlich eine Eigentümlichkeit der Zwetschgen und Pflaumen aus, nämlich daß sie durch »kriechende« unterirdische

Gemüse, Blumen, Hausbaum: charakteristisches Inventar bäuerlicher Gärten.

Ausläufer überall in ihrem Umkreis neue Triebe ausbilden. Sehr wahrscheinlich hängt auch der Name »Zwetschge« mit dieser Fähigkeit zusammen. Er dürfte nämlich abgeleitet sein von »Quetsche« und dieses wieder von »Quecke«. Das Verb »quekken« bedeutet im Mittelhochdeutschen so viel wie »rasch wachsen«

Repräsentativer Vorgartenzaun, romantisch bewachsen.

(der Ausdruck »quicklebendig« enthält auch diesen Wortstamm) und wurde vor allem für Pflanzen verwendet, die sich durch unterirdische Ausläufer rasch ausbreiten. Der Name »Quecke« ist schließlich an jener Grasgattung *(Agropyron)* hängengeblieben, die wegen ihrer unausrottbaren, hartnäckigen Ausläufer zu den meistgehaßten Gartenunkräutern gehört.

Auch die altmodische Mispel *(Mespilus germanica)* soll es noch als Hausbaum geben. Bei den drei letztgenannten Arten handelt es sich um historisch bedeutsame Baumarten, die hoffentlich nicht aussterben werden. Da und dort gibt es den Rotdorn *(Crataegus monogyna* var. *rubra),* der auch in städtischen Gärten und im öffentlichen Grün der Städte gerne verwendet wird. Als Bienenweide geschätzt wird die Robinie *(Robinia*

Jahrhundertealte Feldahorne bei Kulmbach

pseudacacia), ein amerikanischer Baum, der 1601 nach Europa gekommen ist und sich seither in wärmeren Gebieten als Pionierbaum konsequent durchsetzt.
Immer wieder sieht man freilich auch eine der inzwischen arg in Verruf geratenen Blaufichten im Vorgarten. Verrufen deshalb, weil sie angeblich keinerlei ökologischen Wert oder Nutzen haben soll. Aber, mit Verlaub gesagt, auch beim Sadebaum, der seit gut und gern tausend Jahren in den Bauerngärten steht, und beim Buchsbaum, einem der Bauerngartengehölze schlechthin, ist der ökologische Wert (was immer man damit ausdrükken möchte) gleich Null. Das sind eben die Modeströmungen, deren Wellen auch in die Bauerngärten schwappen. So geht das, seitdem es Bauerngärten gibt. Was sich bewährt, bleibt hängen, was nicht, verschwindet wieder. Wahrscheinlich wird die Sitka-Fichtenlaus dafür sorgen, daß das Ärgernis, wenn es denn eines ist, in absehbarer Zeit wieder verschwindet. Es sei denn, eine unserer einheimischen Tierarten erschließt sich die Sitka-Fichtenlaus als Nahrungsgrundlage, woraufhin die Blaufichten wieder gesünder aussehen würden, und dann dürften alle gutgemeinten, dem Naturschutz verpflichteten Ratschläge zur Abschaffung der Blaufichten an der normativen Kraft des Faktischen scheitern. Wenn ich richtig beobachte, scheinen die Meisen und die Rotkehlchen in meinem Garten bereits mit dieser Arbeit zu beginnen.

Immergrüne Ziersträucher

Außer den soeben genannten Blaufichten gibt es noch allerlei Arten modischer Nadelgewächse, die in städtischen Gärten vorkommen, besonders gern zum Beispiel die Zuckerhutfichte und der blaue China-Wacholder. Dies sei erwähnt, aber nicht unbedingt gelobt. Es ist selbstverständlich so, daß genau wie zu den städtischen Gartenfreunden Stöße herrlicher Gartenkataloge frei Haus geliefert werden, und wer wird da schon widerstehen können?
Eine längere Tradition hat der schon mehrfach erwähnte Sadebaum. Nicht baumförmig, sondern eher strauchig und kriechend breitet er sich, bisweilen vor sich hinstinkend (er heißt ja schließlich auch Stinkwacholder), im Vorgarten aus.

Allerdings ist er in historischen Zeiten nicht bis nach Norddeutschland gelangt. In Süddeutschland werden seine Zweige im althergebrachten Brauchtum verwendet. So werden sie in katholischen Gegenden in die Sträuße aus Zweigen der kätzchentragenden (männlichen) Salweide gebunden und am Palmsonntag zur Kirche getragen. Da und dort werden sie auch in die sogenannten »Wurzbuschen« oder »Kräuterbuschen« eingefügt, worunter man Kräutersträuße versteht, die zu Mariae Himmelfahrt (15. August) in der Kirche geweiht werden (S. 111). Schon oft habe ich Bäuerinnen gefragt, wofür denn der Sadebaum gut sei, aber niemand hat es offenbar gewußt. Nur eine sehr alte Großmutter sagte mir einmal, ihre Großmutter habe gesagt, man könne mit ihm Teufel, Drachen, böse Geister und sonst allerlei Unrecht's austreiben. Ich habe eine ganze Zeitlang gebraucht, bis ich die Lösung gefunden habe, und zwar in einem alten englischen Gedicht. Es lautet:

»She's gone to the gardengay
to put of the savin-tree,
but for a'that she could say or do
the babie it wouldn't die.«

Frei übersetzt:
»Sie ging in den Garten
um vom Sadebaum zu nehmen,
aber sie konnte sagen und machen,
was sie wollte,
das Baby wollte nicht sterben.«

Ist eine Blaufichte wirklich so schlimm, wenn sonst alles stimmt? Gerade in kühleren Gegenden – hier im Fichtelgebirge – pflanzt man zu Recht gerne immergrüne Koniferen, auch im bäuerlichen Garten: Ihr erstes Dunkelgrün bringt die Prachtstauden zum Leuchten.

Demnach wurde der Sadebaum als Mittel für Abtreibungen verwendet. Leider ist er so giftig, daß man befürchten muß, daß viele junge Frauen den Zaubertrank nicht überlebten. So kraß und schockierend wie in dem eben zitierten Gedicht wurde freilich der Sachverhalt nur selten beim Namen genannt. Maßnahmen, die eine bis dahin ausgebliebene Menstruation auslösten, hießen im Mittelalter »Emmanagoga«, und es ist schwer zu sagen, ob man wirklich genau und allgemein den Zusammenhang zwischen Zeugung, ausbleibender Regel und Schwangerschaft kannte. Aufgrund mittelalterlicher Schriften scheint man vor allem die Vorstellung gehabt zu haben, als sei die Regelblutung ein reinigender Vorgang für den Körper der Frau. Neben dem Sadebaum dienten als Emmanagoga auch Petersilie, Fenchel, Liebstöckel, Engelwurz und Sellerie (eigenartigerweise allesamt Doldenblütler!) in einem Absud.

In der älteren Literatur habe ich inzwischen außerdem herausgefunden, daß der Sadebaum offenbar auch bei Krankheiten von Mensch und Vieh – vor allem bei schwerem Wurmbefall und unheilbaren Geschwüren – als ultimatives Mittel verwendet wurde, wenn alles andere versagt hatte, sozusagen nach dem Motto: entweder die Lebensgeister werden noch einmal geweckt oder es ist ohnehin alles zu spät. Heute wird er praktisch nicht mehr in der Medizin verwendet.

Bisweilen steht auch ein Heide-Wacholder *(Juniperus communis)* oder, in Alpendörfern, eine strauchig wachsende Kiefer oder eine Zirbelkiefer, die aber eher zu den Hausbäumen gehört, im Vorgarten. Tradition im Bauerngarten oder vor allem auf dem Friedhof, beim Kriegerehrenmal, bei Haus- und Dorfkapellen sowie in der Feldflur neben Kreuzen und Bildstöcken hat auch der aus Nordamerika stammende Lebensbaum *(Thuja occidentalis)*, der häufig »Zeder« genannt wird. In manchen Gegenden, beispielsweise im Artland (nördlich von Osnabrück), wird die Eibe *(Taxus baccata)* als Repräsentationsbaum verwendet.

Der Buchsbaum *(Buxus sempervirens)* gilt als eine »der« Bauerngartenpflanzen schlechthin. Aber im Capitulare Karls des Großen kommt er noch nicht vor, obwohl er eine Pflanze der alten Welt ist und wahrscheinlich nicht nur im Mittelmeerraum sondern auch in den Eichen- und Buchenwäldern Süddeutschlands urwüchsig ist. Im späten Mittelalter taucht er in den sogenannten Lustgärten auf, vor allem schon in kurzgeschnittenen Weg- und Beeteinfassungen, (S. 67) beispielsweise bei Labyrinthen und Parterren, wobei unter dem letzten Begriff in der Gartenkunst flächige, häufig künstlerisch gestaltete, beetähnliche Elemente zu verstehen sind. Vor allem schätzte man am Buchs, daß er sich höchst geduldig zu höchst künstlerischen bzw. höchst albernen Kunstwerken zurechtstutzen ließ. Als robuste, immergrüne und, wenn man sie wachsen läßt, wie sie möchte, auch pflegeleichte Pflanze, hatte der Buchs gute Chancen, aus den Gärten der feinen Leute auch in die Bauerngärten zu gelangen. Im übrigen wird er uns noch einmal als Beeteinfassung im Gemüsegarten (S. 75) begegnen.

In Gegenden mit wintermildem, feuchtem Klima gibt es bisweilen herrliche Büsche der Stechpalme *(Ilex aquifolium)*, die bis zu 300 Jahre alt werden sollen. Besonders in der Gegend um den Tegernsee bin ich ihnen immer wieder voll Freude begegnet. Das Holz der Stechpalme und auch des eben beschriebenen Buchsbaumes war früher als vorzügliches hartes Drechslerholz geschätzt. Neuerdings findet man auch häufig die Mahonie *(Mahonia aquifolium)*, eine Amerikanerin, in den Bauerngärten. Warum nicht? Treu und brav und ohne Theater zu machen, wächst sie vor sich hin mit ihrem glänzend dunkelgrünen Laub und ihren bescheidenen grüngelben Blüten, zufrieden auch mit einem schattigen Eckchen und eher saurem Boden. Für Stickstoffdüngung ist sie dankbar, aber daran fehlt es im Bauerngarten ohnehin nie. Bei scharfen Frösten friert sie zurück und muß dann geschnitten werden, was sie aber kaum jemals übelnimmt.

Moderne buntlaubige Sträucher vertragen sich gut mit der traditionsreichen Stechpalme (rechts). Der Bauerngarten vereint Gegensätzliches zu harmonischer Eintracht.

Großblumig, pflegeleicht, nicht anfällig für Schädlinge, ein Ziergehölz so recht nach dem Herzen der Bäuerin: die Rispenhortensie. Hier kombiniert mit dem Buchsbaum.

Exoten und einheimische Gehölze: pro und kontra

Mehrfach war inzwischen schon von ausländischen Pflanzen die Rede. Deshalb sei gleich auch gesagt, daß im Frühling nicht nur in der Stadt sondern auch auf dem Dorf straßauf und straßab goldgelbe Forsythienpracht *(Forsythia suspensa)* sich an die warme Hauswand lehnt oder über die Vorgartenzäune quillt. Die Forsythie kam um die Mitte des letzten Jahrhunderts mit vielen, vielen anderen Sträuchern aus Ostasien zu uns. Viele Freunde des naturnahen Gartens betrachten diese immerhin über hundert Jahre eingewöhnten Pflanzen heute noch als »Exoten« und möchten sie am liebsten aus den Gärten verbannen. Aber: es macht ja gerade die Eigenart des Gartens aus, daß er etwas anderes bietet als das überall Wildwachsende, daß er sich irgendwie abhebt von der Natur, und selbst Stilrichtungen, in denen das »Zurück zur Natur« geradezu kampflustig auf die Fahnen geschrieben war, strebten in Wirklichkeit eine idealisierte Natur an, eine Natur, wie wir sie gerne hätten, wie sie aber in Wirklichkeit eben nicht ist. Das gilt auch für die heutigen naturnahen Gärten, wie ich selbst einen betreibe. Auch ein solcher braucht ständig die liebevoll ordnende Hand des Gärtners, sonst öffnet die Natur ihr großes, grünes Maul, beißt zu mit ihren Löwenzähnen, speit Giersch, Quecken und Brennesseln auf die Beete und frißt den Garten allmählich auf. Ihre Unerbittlichkeit imponiert mir immer wieder.

Vor allem der Bäuerin wird man nicht generell »einheimische Pflanzen« für ihren Garten einreden können, die hat sie normalerweise zur Genüge und auch als »Unkraut« um sich. Eine Bäuerin reagiert in aller Regel höchst verständnislos, wenn man aus gutgemeinten Naturschutzbemühungen heraus an sie das Ansinnen richtet, sie möge anstelle ihrer geliebten Forsythie oder Hortensie eine Schlehe oder einen Weißdorn in ihren Vorgarten pflanzen, weil diese Sträucher mehr Tieren Nahrung bieten. Sehr viel wichtiger als in den Gärten auf dem Lande, wo am Dorfbach und in der umliegenden Landschaft noch ausreichend natürliche Biotope sind, sein sollen oder geschaffen werden müssen, ist es in den städtischen Gärten und in den Parks, naturnahe Bereiche zu schaffen. Auch das öffentliche Grün der Dörfer wäre durchaus ein lohnendes Betätigungsfeld für naturnahe Ideen anstelle von weiß-rosa-knallrot abgestuften Gottesaugen-Orgien.

Wenn die Forsythie sich bewährt, das heißt, daß sie robust, relativ anspruchslos, weitgehend pflegeleicht sowie nicht anfällig für Schädlinge und Krankheiten (das alles ist bei ihr der Fall) und noch dazu schön anzusehen ist (das ist auch der Fall), dann hat sie gute Chancen, in einigen Jahrhunderten als »gute alte« Bauerngartenpflanze zu gelten, falls es dann noch Bauerngärten gibt (aber warum sollte es nicht?).

Den Flieder *(Syringa vulgaris)* schimpft inzwischen eigentlich niemand mehr als unerwünschten

Der altehrwürdige Sadebaum (rechts vorne): Giftig, stinkend, häßlich, den Birnengitterrost übertragend, aber seit dem Mittelalter in den Bauerngärten.

Fremdling, denn er ist schon seit dem 16. Jahrhundert bei uns. Der berühmte Botaniker und Arzt Matthiolus aus Prag nennt ihn in seinem 1565 erschienenen umfassenden Pflanzenwerk »Lilac Turcorum«. Der Flieder erfüllte von Anfang an die Kriterien, die ihn für den Bauerngarten prädestinierten: schön anzusehen, robust, pflegeleicht, wenig anfällig für Schädlinge oder Krankheiten, und eben keine einheimische Pflanze, der man allenthalben draußen in Feld und Wald über den Weg läuft. Insgesamt sind es in der Fülle der typischen Bauerngartenpflanzen nicht viele, die in unseren Breiten von Natur aus vorkommen. Sie sind meistens sozusagen Ecken- und Lückenfüller.
So findet man auch beim Schneeball und bei der Berberitze häufiger die Gartenformen aus dem Gartencenter oder dem Katalog als die an sich recht attraktiven einheimischen Arten *Viburnum lantana, V. opulus* und *Berberis vulgaris.* Auch die Kerrie *(Kerria japonica),* wie der lateinische Artname sagt, eine Ostasiatin, steht nicht selten in den Bauerngärten und macht sich eigentlich mit ihren grünen Ruten und goldgelben röschenartigen Blüten – sie gehört tatsächlich zur Familie der Rosengewächse – recht gut. Sehr gerne mögen die Bäuerinnen die verschiedenen Hortensien, z. B. die Topfhortensie *(Hydrangea macrophylla),* eine weitere Ostasiatin, die Baumhortensie *(H. arborescens),* eine Nordamerikanerin, und die japanische Rispenhortensie *(H. paniculata).* Umgekehrt mögen die Hortensien den tiefgründig humosen Boden des Bauerngartens.
Durch ihre großen, weichen Blätter zeigen die Hortensien an, daß sie im Sommer viel Wasser brauchen.
Außerdem, es mag uns vom stilistischen und eventuell auch ökologischen Standpunkt her gefallen oder nicht, muß ehrlich berichtet werden, daß Bäuerinnen panaschierte Sträucher, wie etwa weißbunte Sorten des Hartriegel (*Cornus* sp.) und buntfarbige Gehölze, wie etwa die Blutpflaume *(Prunus cerasifera* var. *atropurpurea)* sehr lieben, so daß man sie immer wieder findet.
Auch der Holunder ist bisweilen in den Vorgärten als schöner und gleichzeitig nützlicher Strauch einbezogen.

Anmerkungen über unser weiteres Vorgehen

Eigentlich müßten jetzt noch die verschiedenen Blumenstauden und die Rosen bei unserer Besprechung der Vorgartenflora an die Reihe kommen. Weil aber auch im Gemüsegarten stets Blumen stehen und weil im Grunde hier wie dort dieselben Arten verwendet werden, ist es sinnvoller, später einmal, wenn Sie sich schon anhand des Bildmaterials ein wenig eingesehen haben, eingehender über die Blumen des Bauerngartens zu sprechen. Bevor wir uns aber dem Gemüsegarten zuwenden, kommt noch ein spezielles Kapitel aus dem Zierpflanzenbereich.

Fenster- und Balkonschmuck sowie Trog- und Kübelpflanzen

Wie armselig oder abgelegen heutzutage ein Bauernhaus auch sein mag, Blumenschmuck an den Fenstern hat es eigentlich immer. Selbst bei Bauern, die als Junggesellen leben, findet sich meist eine hilfreiche Verwandte, die den Hagestolz ab und zu bekocht und wenigstens ein paar Blumenkästen anlegt und pflegt. So mancher ansehnliche Hof mitsamt einem womöglich ansehnlichen Eigentümer, das sei nur nebenbei erwähnt, muß heute ohne Bäuerin auskommen, weil viele junge Frauen einfach Angst haben vor der Mühe und dem Angebundensein auf dem Bauernhof.

Landauf, landab scheint ein fieberhafter Wettstreit ausgebrochen zu sein, wer die größten, wohlgenährtesten, längsten und farbenprächtigsten Geranien zustande bringt. Ich sage das ohne Spott, wenn auch leicht amüsiert, denn ich freue mich natürlich darüber, genauso wie jeder andere

Freude am Schönen und Sinn fürs Repräsentative im Tegernseer Tal. Man zeigt, was man kann und daß man sich nicht lumpen läßt. Neben der Haustür eine sorgfältig gepflegte Myrte.

Elegante Rosenbäumchen im milden Meeresklima der Elbmarsch.

vernünftige Mensch auch. Der leuchtende Anblick erfüllt mich immer mit Freude und Dankbarkeit, denn er ist für mich sichtbares und greifbares Zeichen für Frieden und Wohlstand. Daß Geranien in Wirklichkeit Pelargonien heißen – *Pelargonium zonale* und *P. peltatum* – weiß ich natürlich, aber weil sich inzwischen die Menschen und offensichtlich auch die Pflanzen an den nicht ganz korrekten Namen gewöhnt haben, soll er beibehalten werden. *Pelargonium zonale* wächst mehr aufrecht, während Abkömmlinge der Spezies *P. peltatum* die Hängegeranien bilden. Sie gehören zur Familie der Storchschnabelgewächse *(Geraniaceae)*, stammen aus Südafrika, sind seit dem 18. Jahrhundert in Mitteleuropa und werden in vielen Sorten kultiviert.

Im Juni oder Juli werden die Stecklinge von der Mutterpflanze abgebrochen und ins Gartenbeet oder noch besser ins Mistbeet gepflanzt, da es ja im Sommer Platz bietet; aber Auspflanzen in eine große Schale geht auch. Es ist sehr freundlich von den Geranien, daß sie sich so leicht vegetativ fortpflanzen lassen. So kann man als Geranienfreund um einen Ableger bitten, wenn man irgendwo ein in Blütenfarben oder -form oder auch in der Blattzeichnung besonders schönes Exemplar sieht.

Ein wichtiger Faktor, warum Geranien auf dem Land viel besser gedeihen als in der Stadt, sind im allgemeinen die besseren Überwinterungsmöglichkeiten. Geranien mögen eine Überwinterungstemperatur von 6°–10° C und lieber etwas mehr hell als dunkel. Stellen Sie sich einmal vor, wie vollgepackt mit aufgebockten Geranienkästen und dann noch den vielen Blumenkübeln ein Bauernhauskeller im Winter sein mag. Tatsächlich sagte mir ein schwäbischer Bauer auf die Frage, wie denn die ganze umfangreiche Pracht über den Winter gebracht werde, daß er im Winter nicht einmal Bier im Keller holen könne, ohne über »die Hurabluama« zu stolpern. Im Frühjahr werden die Wurzeln und Triebe eingekürzt und in die Kästen kommt neue Erde. Geranien sind gefräßig und lassen sich gerne mit üppigen Düngergaben verwöhnen.

Natürlich gibt es außer Geranien auch noch alle anderen Arten von Balkonblumen, die auch im städtischen Bereich verwendet werden, wie Petunien, Hängefuchsien, Heliotrop, Pantoffelblumen, Balsaminen, Duftpelargonien, möglichst knallbunte und großblumige Begonien, aber umgekehrt bisweilen auch die kleinblumige, kletternde, bzw. langhängende Urform, die man sonst fast nur in botanischen Gärten findet, und so weiter, eben alles was schon auf größere Entfernung möglichst viel Effekt macht. In den Alpen nehmen bisweilen die Gebirgshängenelken die Stelle der Geranien ein.

Auch bei der Kübelbepflanzung am Haus hat das Prinzip der Effektivität Vorrang. Deshalb ist beispielsweise die Engelstrompete *(Datura arborescens)* zur Zeit besonders beliebt und offensichtlich in Ausbreitung begriffen. Auch bäumchenförmig gezogene Fuchsien, häufig in ganz exquisiten Sorten, und gewaltige Oleanderbüsche, zu deren Transport mindestens zwei starke Personen nötig sind, und denen man ansieht, wie gut ihnen der verrottete Kuhmist schmeckt, stehen oft neben der Haustür. Sehr beliebt sind außerdem Agaven, vor allem die Sorte ›Marginata Aurea‹ mit gelben Streifen am Rand, sowie verschiedene unkompliziert zu ziehende Kakteen, vor allem die üppig rotblühenden Epiphyllum-Hybriden, die geradezu als »Bauernkaktus« bezeichnet werden. Aber auch andere Kakteen und Sukkulente erfreuen sich am warmen und hellen Mikroklima neben der Hauswand.

Lange Tradition haben Rosmarin *(Rosmarinus officinalis)* und Echte Myrte *(Myrtus communis)*. Sie werden im gleichen Atemzug genannt, weil beide bereits bei den Römern für Sträußchen und Kränze bei Festen verwendet wurden. Vor allem die Myrte, die der Aphrodite geweiht war, wird heute noch zum Brautkranz geflochten – ihr immergrünes Laub symbolisiert immerwährende Liebe und Treue –, außerdem wird sie im katholischen wie im evangelischen Brauchtum bei Kommunion und Konfirmation als Schmuck verwendet.

Der Rosmarin ist bereits im Capitulare Karls des Großen verzeichnet, aber die Myrte ist erst Jahrhunderte später in die deutschen Gärten, oder besser gesagt, weil sie nicht winterhart ist, in die deutschen Blumentöpfe gekommen. Fischer-Benzon schreibt 1894 in seiner »Altdeutschen Gartenflora«: »Man findet sie vor den Fenstern der ärmlichsten Wohnungen.« Heute ist die Myrte eine Rarität, und ich habe lange gesucht, bis ich ein schönes Exemplar gefunden habe. Dabei ist sie leicht zu vermehren, und zwar ganz genauso wie der Rosmarin auch: man zwickt ein Zweiglein ab und stellt es in ein Gläschen bis es die ersten Würzelchen hat. Beide mögen durchlässige nahr-

Epiphyllum-Hybride, »Bauernkaktus« genannt

hafte Erde. Im Winter sollten sie hell und kühl aufgestellt werden. Sie werden dann weniger gegossen, dürfen aber niemals austrocknen. Der Lorbeer *(Laurus nobilis),* ehedem dem Apollo geweiht, ist inzwischen leider selten geworden, obwohl er eigentlich eine unverwüstliche Kübelpflanze ist. Häufiger sieht man statt seiner die *Aucuba japonica* mit ähnlichem Habitus, aber gesprenkelten (panaschierten) Blättern. Außerdem entdeckt man neben den bisher schon erwähnten Pflanzen manchmal vor den Häusern erstaunliche Raritäten, die mit Nachdruck und Stolz vorgestellt werden. Noch ein letzter »Exot« sei expressis nominis genannt, der Ricinus *(Ricinus communis)* aus dem tropischen Afrika. Er wird allerdings bei uns schon so lange gezogen, daß er sich, wenn nicht Heimat- so doch Gastrecht erworben haben dürfte. Er wird bereits bei Albertus Magnus beschrieben, der das giftige, bizarre, protzige Gewächs mit den stacheligen Früchten *Arbor mirabilis,* also Wunderbaum nennt. Aus seinen Samen, die wie vollgesogene Holzböcke aussehen (Ricinus bedeutet gleichzeitig auch Holzbock), wird das bekannte, heftig abführende Öl gewonnen.

Untersucht man, wo die Bäuerinnen ihre Pflanzen her haben, so ist die Antwort, erstens, wie bei jedem anderen Pflanzenfreund auch, aus dem Pflanzenmarkt, dem Blumenladen oder dem Versandhandel. Zweitens funktioniert unter den Bäuerinnen ein reger Pflanzentausch. Sie schenken gerne Stecklinge her und lassen sich gerne welche schenken. Das Schöpfen aus einer dritten Quelle habe ich auf einer internationalen Gartenschau beobachtet: Mehr oder weniger unauffällig, aber fachmännisch und mit der größten Selbstverständlichkeit zupfte eine Schar von Bäuerinnen von interessanten Pflanzen die Ableger herunter und ließen sie in den umfangreichen Handtaschen verschwinden, womit sich die großen, teuren Gartenschauen ihre Daseinsberechtigung erworben haben dürften.

Unbedingt sollten Sie Ihr Augenmerk auf das köstliche Sammelsurium an Pflanzgefäßen richten. Neben Styropor- und Kunststoffgelumpe im Barock- oder Architekturstil gibt es schöne Tongefäße mit jahrzehntealter Moos- und Kalkpatina, Senf-, Essiggurken- oder Putzeimer, in denen eine edle Palme oder Opuntie wächst, sowie ausrangierte Suppentöpfe und Kasserolen aller Kaliber. Über aufgeschlitzte und zu Schwänen oder ähnlichem Schmarren zurechtgebastelte Autoreifen wollen wir nachsichtig hinwegsehen. Daß auch aus den Wohnungen heraus Zimmerpflanzen grüßen – Alpenveilchen, Gummibäume, Gloxinien, Topfprimeln, Usambaraveilchen, Flammende Käthchen, Sansvieren, Grünlilien, Klivien und was sich sonst noch an Geburtstagsblumengrüßen angesammelt – sei nur am Ende erwähnt, aber dennoch betont.

Der blühende Gemüsegarten

Allgemeines

Er ist das Kern- und Herzstück der Gartenkultur auf dem Lande. Um ihn sollte es in erster Linie gehen, wenn vom Bauerngarten die Rede ist, und der Bäuerin geht es auch vor allem um ihn. Wir sollten nicht den Fehler machen, Tränendes Herz, Päonien, bunte Glaskugeln und sonstigen urigen Schnickschnack als essentielle Grundstoffe des Bauerngartens zu betrachten. Wie immer auf dem Lande ist der Ertrag das Ziel der Bemühungen. Daß man auch das Schöne zu schätzen weiß, haben wir schon erfahren und wir werden auch weiterhin davon sprechen. Aber gerade auf dem Lande gilt das, nicht eigentlich für die Bauern gesprochene, Goethewort »Saure Wochen – frohe Feste«.

Auch der Gemüsegarten ist das Ergebnis einer langen historischen Entwicklung, die wir von Fall zu Fall nachvollziehen werden.
Auch in städtischen Gärten spielt die »nahrhafte« Komponente jetzt wieder eine größere Rolle als beispielsweise in den 60er Jahren. Im Trend der Vollwertkost weiß gerade der Städter die erntefrischen Gemüse aus den eigenen Gärten besonders zu schätzen.

Funktionale Teilung

Den Obstgarten und den Ziergarten haben wir schon betrachtet und abgehakt. Wenn wir uns jetzt dem Gemüse- und Kräutergarten zuwenden, ist das sowohl räumlich als auch zeitlich etwas Neues. Im Normalfall ent-

Hier wachsen Blumen, Gemüse und eine gesunde Lebensanschauung.

Der blühende Gemüsegarten

Fast immer umzäunt, wenn möglich vom Haus abgesetzt und für die Sonne geöffnet, präsentiert sich der Gemüsegarten. Charakteristisch ist das weitgehende Fehlen größerer Gehölze. Gepflanzt wird nicht in ausgetüftelter Mischkultur; diese ergibt sich ganz von selbst.

hält er keine oder nur wenige Sträucher, allenfalls einen Buchsbaum, Holunder, Flieder oder Sadebaum, seltener auch eine Thuja, Eibe, Mahonie, Hortensie, Rose oder ein ähnliches, nicht allzu starkwüchsiges Gehölz, ganz am Rand oder in einer Ecke. Die Bäuerin weiß es sehr genau: unsere Gemüse und Kräuter sind mediterrane oder orientalische Sonnenkinder und unter Bäumen werden sie nichts Rechtes. So ist, wenn es sich machen läßt, der Garten etwas abgesetzt von Haus und Scheune, damit er auch von Gebäuden keinen Schatten bekommt. Auch die Beerensträucher haben sich bescheiden in dieses Konzept zu fügen: Sie stehen am Rand oder oft sogar außen am Zaun neben dem Garten.

Die funktionale Zweiteilung in Obst- und Gemüsegarten ist uralt. Sie ist bereits aus dem Pactus legis salicae überliefert, einem merowingischen Gesetzbuch aus dem 6. Jahrhundert n. Chr. Das war jene Epoche, als nach der Völkerwanderungszeit die aufgescheuchten Völkerscharen nach generationenlanger Wanderzeit wieder zur Ruhe gekommen waren und die Menschen wieder begannen, Gärten anzulegen. Nach dem eben genann-

ten Pactus legis salicae bildete der Garten mit dem Haus einen eigenen Friedens- und Rechtsbereich, den kein Unbefugter betreten und in den auch keine Speere und Pfeile hineingeschossen werden durften. Diebstähle aus dem Garten wurden unterschiedlich geahndet: Diebstähle aus dem Gemüsegarten wurden milder beurteilt als das Eindringen in den Obstgarten. Daraus ist erstens abzulesen, daß bereits vor eineinhalbtausend Jahren eine Zweiteilung unserer Bauerngärten in den Baumgarten und den Gemüsegarten bestand. Zweitens betrachtete man im Mittelalter das Gartenobst als große Kostbarkeit, denn es herrschten saure Zeiten. Nur das Obst versüßte ein wenig das Leben. Die Bienenzucht befand sich erst im Aufbau, deshalb war Honig knapp. Rohrzucker war bis ins letzte Jahrhundert, als der billige Rübenzucker entwickelt wurde, eine kostspielige Rarität.
Auch die Klöster praktizierten die höchst empfehlenswerte Trennung der Gartenteile entsprechend ihrer jeweiligen Funktion: Beim bereits besprochenen Gartenplan des Klosters von Sankt Gallen (S. 29) gab es den Baumgarten, den Gemüsegarten, den Arzneikräutergarten und den sparsam bepflanzten Kreuzgang, der zur Rekreation und Meditation diente. Außerdem pflegten die Klöster einen höchst ausgedehnten Heilpflanzenanbau. Im Bauerngarten werden jedoch, wie gesagt, Kräuter- und Gemüsegarten zusammengefaßt.

Zäune einst und jetzt

Zäune in historischer Perspektive

Fast immer – Ausnahmen bestätigen die Regel – ist bis heute der Gemüsegarten von einem Zaun umgeben. Auch das hat uralte Tradition. Unser Wort »Garten« ist vom indogermanischen Begriff »ghorton« oder »hort« abgeleitet. Dieser Wortstamm ist auch im lateinischen Wort »hortus«, im französischen »jardin« und im italienischen »giardino« enthalten. Man versteht darunter einen eingefaßten Bereich, der in unserem Kulturkreis üblicherweise beim Haus lag, denn nach merowingischem Recht war es

Flechtzaun und Buchskreuz im Bauernhofmuseum an der Glentleiten (bei Kochel).

Verzierter Betonpfosten mit schlichtem Holzzaun.

bei Strafe verboten, weiter außerhalb in der Feldflur ein Stück Land mit einem Zaun »einzufangen«. Anknüpfend an das vorhin beschriebene Gartenrecht sei daran erinnert, daß ein Zaun oder eine Mauer auch »Einfriedung« genannt werden. Anhand von Ausgrabungen frühmittelalterlicher Siedlungen (z. B. Warendorf/Westfalen, Neuwied/Rheinland, Odoorn/Niederlande, Vorbasse/Dänemark) werden immer wieder Einfriedungen nachgewiesen, wobei allerdings offenbar oft das ganze Gehöft auf einer Fläche bis zu 80 x 80 m umschlossen war.

Warum ein Zaun? Natürlich erstens aus ganz praktischen Erwägungen. Respektlosen Hühnern, Gänsen, Menschen und Kühen soll signalisiert werden, daß sie im Garten nichts zu suchen haben. Zweitens aber wird traditionsgemäß in unseren eher rauhen und unfreundlichen Breiten (das behauptete jedenfalls bereits Tacitus) die Natur als etwas Wildes, Verschlingendes betrachtet, als etwas, gegen das sich der Mensch entschieden absetzen, abgrenzen und zur Wehr setzen muß. Sehr spät, nämlich erst vor kaum 600 Jahren, taucht die Natur in unserer Dichtkunst überhaupt auf. Und wie das für die Deutschen charakteristisch ist, als romantische Kulisse:

**»Unter der Linden an der Heiden,
da unser zweie Bette was,
möget ihr finden wohle beiden
gebrochen Bluomen unde Gras**

**...
Tandaradei, sang die Nachtigall«
(Walter von der Vogelweide).**

Etwas später beginnt man in der Malerei bukolische Landschaften um religiöse oder auch weltliche Bildszenen zu drapieren. Aber ohnehin spielen sich im späten Mittelalter die meisten künstlerischen Darstellungen in Wort und Bild im Garten ab, und der ist immer umschlossen. Nur der Zaubergarten, den Hermann von der Aue und auch andere Sänger beschreiben, ist ausdrücklich ohne Hag, Zaun oder Mauer, sondern nur mit Luft umgeben, die allerdings von Magie durchtränkt ist. Daß der »umschlossene Garten« seit biblischen Zeiten als Symbol der Jungfräulichkeit steht, sei nur am Rande erwähnt, und damit sei noch bekräftigt, daß eigentlich bei uns um den Garten ein Zaun gehört. Auf mittelalterlichen Bilddarstellungen sieht man um bäuerliche Nutzgärten vor allem den Flechtzaun. In den Boden geschlagene Rundpfosten werden mit Weidenruten umflochten. Dieser Zauntypus hat sich historisch offenbar sehr lang gehalten. Die verschiedenen Bauernhofmuseen bemühen sich, mustergültige, höchst fotogene Exemplare dieser Zaungattung vorzuführen. Bisweilen sind auch oben zugespitzte Palisaden oder Bretterzäune mit diagonal angebrachten Brettern (so ähnlich wie beim Jägerzaun) zu sehen. Auch dichtgeschlossene Bretterzäune hat es gegeben, und das erinnert an den bereits in der Hausväterliteratur zitierten Colerus (S. 30), der den Rat gab, die Zäune recht hoch und dicht zu machen, damit man von außen das verlockende Obst nicht sähe. Bei den Burg- und Lustgärten, deren Funktion die verborgene Idylle war – wir würden heute Wohngarten sagen –, sowie auf den Mariendarstellungen gibt es vor allem Mauern aus Quadern oder Ziegeln.

Heute eine Rarität: gepflegter Eisenzaun. Hier läßt sich gut ablesen, daß der Bauerngarten ein »verzierter Nutzgarten« ist. Beachten Sie die Tomaten an der warmen Hauswand.

Der blühende Gemüsegarten

Zäune heute
Ich habe mich dabei ertappt, bevorzugt Zäune zu fotografieren, die nicht mehr up-to-date sind, sondern die eigentlich schon der Geschichte angehören. Über Jäger-, Maschendraht- und kunststoffbeschichtete Lattenzäune habe ich hinwegfotografiert und den Apparat tunlichst so gehalten, daß man das »Ärgernis«, wenn es denn eines ist, nicht sieht. Die »schönen« Zäune sind jene, die man halt stehen läßt, bis sie in sich zusammenfallen werden. Dann wird man Meterware im Baumarkt kaufen, man wird Sonderangebote ausnützen und solche Zaunarten wählen, die sich rationell aufstellen lassen, ihren Zweck erfüllen, ordentlich aussehen und einigermaßen haltbar sind. Ob sie dem Stilempfinden von uns Städtern entgegenkommen, ist dem Bauern, mit Verlaub und zu Recht, egal.
Daß es auch sehr schöne und handwerklich fabelhafte neue Zäune gibt, sei als bescheidener Hinweis für Zaunaufsteller auf dem Lande vermerkt. Vielleicht lohnt es sich doch, ein paar Mark mehr anzuwenden? Aber das gilt selbstverständlich in gleichem Maße für städtische Gärten. Daß die alten Zäune langsam den Weg alles Irdischen gehen, ist aber umgekehrt auch ein Grund, die tradi-

Diesen schönen Zaun hat der Chef am Feierabend selbst gefertigt, aber wer kann so etwas heute noch? Ordnung, Reinlichkeit, heimeliges Flair, das ist typisch für schwäbische Dörfer.

tionellen Zaunformen zu dokumentieren, ehe sie vollends zusammengebrochen, -gefault oder -gerostet sind. Wo anfangen?
Am besten beim Material. Das häufigste Material ist Holz in allen Variationen. Natürliche Rundhölzer werden beim Durchforsten des Waldes aus jungen Stämmchen gewonnen, zugespitzt und senkrecht verwendet. Bretter mit nicht abgesägten und demnach schrägen Längskanten werden meistens waagerecht angebracht, ebenso die sogenannten »Schwartlinge«, das sind die ersten Bretter, die beim Sägen anfallen und die an der Oberfläche noch die Rundung des Stammes aufweisen. Oben zugespitzte oder abgerundete Latten verschiedener Ausführung werden senkrecht verwendet. Früher war das Herstellen und Zuspitzen von Zaunpfählen und Zaunlatten eine der Winterarbeiten.
Die Zaunpfosten und Eckpfeiler älterer Zäune bestehen bevorzugt aus dem Material, das landschafts- oder ortsüblich ist, was in diesem Fall bedeutet, daß es am billigsten war. Das können wiederum kräftige Hölzer sein. Häufiger aber sind Steinsäulen aus dem nahegelegenen und vielleicht längst aufgelassenen Steinbruch, z. B. Sandstein oder Granit,

Unübertrefflich praktisch und preiswert: Maschendraht, das heute und wohl auch in Zukunft häufigste Zaunmaterial.

manchmal nur roh zurechtgehauen, bisweilen aber auch kunsthandwerklich ausgearbeitet. Wo sich frühzeitig ein Zementwerk aufgetan hat, sieht man alte, schöne, schlicht verzierte Betonpfosten. Während ich hier die Begriffe »schön« mit »Beton« zusammenbringe, stelle ich mir die Gewissensfrage, ob man womöglich geneigt ist, (fast) jede Sache schön zu finden, wenn sie eine gewisse ehrwürdige Patina angesetzt hat.

Diese Blumenpracht aus robusten Gartenstauden verbirgt perfekt einen »garstigen« Maschendrahtzaun.

Als nächstes gibt es noch die schmiedeeisernen oder gußeisernen Zäune aus der Frühzeit der Industrialisierung, als die ersten Attribute des technischen Fortschritts auch auf die Dörfer kamen. Im Grund handelt es sich um lauter einfache Bauelemente, die dann zusammengefügt und genietet wurden. Sie müßten eigentlich, wo es sie noch gibt, besonders gut gepflegt werden, ein im Zeitalter des Sauren Regens hoffnungsloses Unterfangen.

Das heute mit Abstand häufigste Zaunmaterial ist Maschendraht. Er erfüllt alle Anforderungen. Erstens ist er billig. Früher waren handgespitzte Latten am billigsten, weil Handarbeit sozusagen nichts kostete. Er ist zweitens leicht transportierbar. Im Baumarkt gekauft, paßt er in jeden Kofferraum. Drittens kann der Zaun leicht im Eigenbau aufgestellt werden. Er schließt viertens gut gegen alles Viehzeug inklusive der Wildhasen ab. Fünftens kann er in einem vorgesehenen Abschnitt umgelegt werden, wenn man im Herbst mit dem Mistwagen, der durch kein Gartentürchen paßt, oder einer größeren Schubkarre in den Garten fahren möchte. Sechstens und letztens ist er leicht zu ersetzen, wenn er kaputt geht. Kurzum, Maschendraht ist das ideale Zaunmaterial, nur schön ist er leider nicht. Es steht mir jedoch nicht zu, das zu kritisieren. Daß selbst ein garstiger Zaun durch entsprechende Bepflanzung aufgewertet werden kann, soll bald berichtet werden.

Türen und Tore

Sie haben eine doppelte Funktion. Sie können ausschließen und einladen. Sie sind im Bauerngarten häufig sehr deutlich markiert, sei es, daß sie farblich abgesetzt sind, viel kräftigere Pfosten haben als der sonstige Zaun oder daß sie durch die Bepflanzung betont oder hervorgehoben sind. Die Tradition der deutlich markierten Gartentore reicht bis ins Mittelalter zurück. Häufig ist auf Bildern ein Tor dargestellt, das auf zwei kräftigen senkrechten Pfosten ein Giebeldächlein trägt.

Gut eignet sich ein Buchs als Türwächter. Er ist immergrün, langsamwüchsig und nicht beleidigt, wenn man ihn mit der Heckenschere in seine Schranken weist. Auch hohe leuchtende Blütenstauden, wie Phlox, Sonnenauge, Rittersporn oder Dahlien, begrüßen den Besucher an der Gartentür.

Wenn man offenen Auges reist, sieht man immer noch erfreulich viele der traditionellen Bögen, die mit Kletterrosen, Clematis oder Geißblatt festlich berankt sind.

Dies ist auch der Platz, an dem wir die gute alte Hauswurz *(Sempervivum tectorum)* ins Spiel bringen sollten, die in manchen Gegenden die Pfosten oder Bögen der Haustore bewächst.

Pflanzt sie bitte wieder, ihr Bäuerinnen und Bauern, wo sie nicht mehr da ist! Auch mit Beton nimmt sie vorlieb. Einen alten Kuhfladen auf den Pfosten gesetzt, einen Hauswurzsteckling hineingesteckt, einmal angegossen, fertig. Für hundert Jahre ist ihr dieser Aufwand genug. Vielleicht schützt sie nicht vor Blitzschlag, wie man früher glaubte, woran aber bereits Albertus Magnus zweifelte, und gegen Brandwunden gibt es inzwischen Neueres (ob Besseres, ist

Die Hauswurz auf einem Torbogen in Unterfranken, Heil- und Zierpflanze von altersher.

schwer zu beweisen) als den Preßsaft der Hauswurz. Aber sie ist jene Pflanze, mit der das Capitulare Karls des Großen schließt: »Und auf dem Dach wollen wir, daß der Bauer habe Jovis Barbam«, was übersetzt »Bart des Jupiter« heißt.

Bepflanzung an den Zäunen

Eigentlich reichte früher die dörfliche Spontanvegetation, auch Ruderalflora genannt, bis an die Zäune heran. Trieben es diese konkurrenzkräftigen Pflanzen allzu toll, mähte man sie einfach ab, was ihnen natürlich nicht schadete, sondern sie zu frischem Austrieb anregte. Nach dem Krieg brach ein vorher nicht gekannter Reinlichkeitsfimmel aus und auch über die Dörfer herein. Stellenweise überredete man die Bauern, im Zuge des Straßenausbaues im Dorf doch gleich (häufig kostenlos) jene unordentlichen, verunkrauteten Teile ihres Hofes bis an die Gartenzäune mitzuasphaltieren. Vor allem, so wurde argumentiert, wenn man Fremdenverkehr wolle, müsse diese Schlamperei weg. Heute raufen sich Naturschützer und Dorfökologen die Haare darüber, denn manches Kraut, früher Allerweltskraut, gar Unkraut genannt, steht heute auf der »Roten Liste« der aussterbenden Arten. Diese dörfliche Wildflora wird uns später noch beschäftigen (S. 123). Andererseits macht heute die Begeisterung der Bäuerinnen für Blumen häufig nicht am Gartenzaun (von innen her betrachtet) halt, sondern auch außen am Zaun wird ein temperamentvolles Blumenfeuerwerk gezündet. Auf dem Land fällt man nicht gern aus dem Rahmen: wenn eine anfängt, machen bald andere Bäuerinnen mit, und das Ergebnis ist ein großer Gewinn an dörflicher Lebensqualität. Geeignet für solche Maßnahmen sind robuste und ausdauernde Stauden, die standhaft und starkwüchsig genug sind, um sich gegen anfliegende Wildkräuter durchzusetzen (siehe S. 64). Außerdem eignen sich ein- oder zweijährige Pflanzen, die sich unproblematisch selbst aussäen. Wenn Sie die Beispiele für den dörflichen Blumenzauber entlang der Zäune auf den Bildern betrachtet haben, wird es Zeit, daß wir in den Gemüsegarten hineingehen.

Festlich berankter Rosenbogen an einer Gartentür in Tirol.

Grundrisse

Das heilige Wegekreuz

Die Klöster haben es im Mittelalter in ihren Kreuzgängen erfunden, und die Ritter und Fürsten haben es für ihre Prunkgarten-Anlagen übernommen. Im ganzen christlichen Europa wurde diese kreuzförmige Architektur realisiert, variiert oder mit ihr gespielt. Häufig war an den Schnittpunkten ein Brunnen, eine Sonnenuhr, ein Blumenrondell, eine Plastik oder ein Baum, beispielsweise auf dem Plan des Klosters von Sankt Gallen ein Sadebaum.
In der Renaissancezeit und weiterhin in der Barockzeit begann man, die Kanten der Wege und die Abteilungen der Beete mit einer niedrigen Buchshecke einzufassen. Durch dieses schlichte Architekturprinzip mit den geraden Wegen hatte jahrhundertelang der Garten eine klare, übersichtliche Struktur. Ob und in welchem Ausmaß auch andere Grundrisse praktiziert wurden, dürfte eine interessante Forschungsaufgabe sein. Auch im Bauerngarten gab es das Wegekreuz. Sie entnehmen meiner vorsichtigen Ausdrucksweise ganz zu Recht, daß beileibe nicht jeder Bauerngarten in früheren Zeiten kreuzförmig angelegte Wege und eine Buchseinfassung um die Beete hatte. Obwohl solche Anlagen als Inbegriff guter alter Bauerngartenkultur gelten, ist es nicht so, daß nur schnöde Ignoranz daran schuld ist, wenn derartige Anlagen heute rar

Traditionelles Buchskreuz und Blumenrondell im Museum Kürnbach (bei Bad Schussenried).

sind. Bauerngärten mit Wegekreuz und Buchseinfassung waren auch früher nicht allzu häufig, und nur der hatte sie, der sich so etwas leisten konnte. Über den Buchs selbst werden wir gleich noch (S. 75) sprechen, wenn es um die verschiedenen Arten der Beeteinfassung geht. Wo es heute noch Gärten mit kreuzförmiger Architektur gibt, wären sie würdig, unter Denkmalschutz gestellt zu werden, wie es bei beachtlichen Bauwerken auch geschieht.
Die Einteilung in vier Felder mit zwei sich kreuzenden Wegen war und ist, das sollte nicht vergessen werden, ungemein praktisch, so daß es fraglich ist, ob man im Bauerngarten allzuviel christlich Symbolisches in diese Einteilung hineinlesen sollte.

Heutige Anlagen

Wenn auch nicht zwangsläufig mit dem klaren, schlichten Wegekreuz, so ist doch der Bauerngarten bis heute stets übersichtlich und einfach gegliedert. Vor allem muß man sich bei seiner Einteilung, wie man so sagt, nach der Decke strecken, will sagen nach dem Platz richten, der zur Verfügung steht. Im Idealfall ist der Garten abgesetzt vom Haus, ein Quadrat oder ein nicht allzu sehr in die Länge gezogenes Rechteck. Die Kantenlänge beträgt in solchen Ideal- oder Normalfällen 8–gut 12 m, so daß ein Areal von ca. 70–150 m^2 entsteht, auf dem jeder Fußbreit Boden intensiv genutzt wird. Fragt man nach, so erfährt man bisweilen, daß zu Großmutters Zeiten der Garten viel, viel größer gewesen sei, weil die Oma noch neun (oder z. B. elf) Leute zu versorgen gehabt habe und heute seien es nur noch drei (oder z. B. vier), und man sei auch nicht mehr auf die volle Selbstversorgung mit Gemüse aus dem eigenen Garten an-

Klassische kreuzförmige Anlage mit Rondell, ehedem Buchseinfassung, die, weil zu arbeitsaufwendig, entfernt wurde. Frühlingsaspekt mit Gemswurz, Tulpen und Narzissen.

Moderner Bauerngarten mit rationeller Architektur: rechtwinklig von einem befestigten Mittelweg ausgehende Beete, Randbepflanzung mit Polsterstauden und halbhohen Sommerblumen.

gewiesen. Nicht selten sind die Gärten erheblich kleiner, teilweise nur 20–40 m^2. Wegen ihrer geschickten Aufteilung und Ausnutzung wirken sie jedoch auf den Betrachter wesentlich größer. In Gegenden mit gutem Klima und guten Böden sind die Gärten größer als in ungünstigen Lagen, wo sich der Gartenbau nicht sehr lohnt.
Die heute mit Abstand gebräuchlichste, weil praktischste Architektur, ist ein befestigter Mittelweg, von dem nach rechts und links senkrechte Beete ausgehen. Diese Anlage bewährt sich vor allem deshalb, weil man in der Mitte die Beregnungsanlage aufstellen kann und auf diese Weise rationell und wassersparend den ganzen Garten erreicht. Auch zum Düngen und für sonstige Arbeiten ist dieser Grundriß zu empfehlen.
Gärten, die, wie eben beschrieben, vom Haus abgesetzt sind, sind nicht selten, aber eben doch nur da zu realisieren, wo es große Höfe gibt, die nicht allzu eng beieinander stehen. Manchmal schließt der Garten gleich an die Giebelseite des Hauses an, wobei sich an der Hauswand ein schmales Beet mit Blumenstauden oder auch mit Tomaten hinzieht, dann kommt ein Weg und dann kommen die Gemüsebeete. In städtischen Gärten oder auch in ländlichen, aber nicht bäuerlichen Hausgärten wird das die praktischste Form sein, einen Bauerngarten anzulegen.
Außer den normalen, viereckigen habe ich auch, den jeweiligen Verhältnissen angepaßt, drei-, fünf-, sechs-, sieben- und unregelmäßig achteckige Gärten gefunden.
Im folgenden stelle ich Ihnen anhand von Zeichnungen eine Reihe von Gärten vor, die nicht erfunden und konstruiert sind, sondern die es tatsächlich gibt. Sie erscheinen mir bemerkenswert und sollten eventuell ein wenig Inspiration für die eigene Praxis bieten.

Der blühende Gemüsegarten

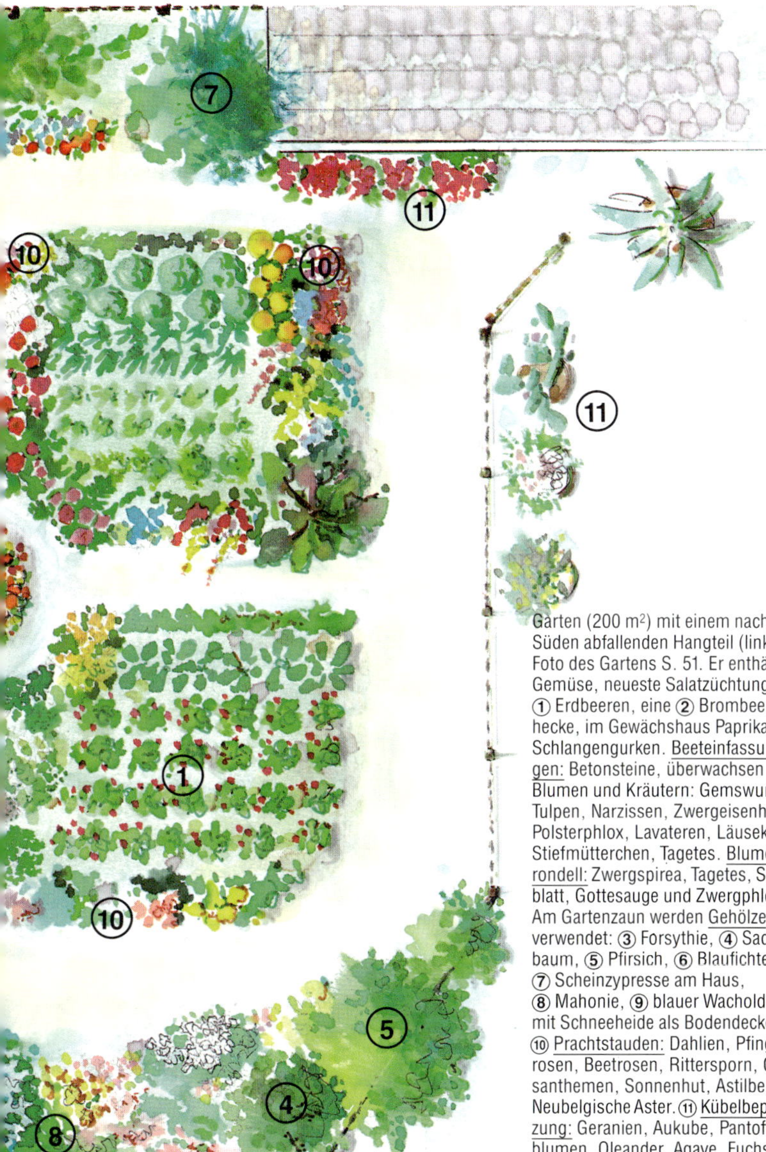

Garten (200 m^2) mit einem nach Süden abfallenden Hangteil (links). Foto des Gartens S. 51. Er enthält Gemüse, neueste Salatzüchtungen, ① Erdbeeren, eine ② Brombeerhecke, im Gewächshaus Paprika und Schlangengurken. Beeteinfassungen: Betonsteine, überwachsen mit Blumen und Kräutern: Gemswurz, Tulpen, Narzissen, Zwergeisenhut, Polsterphlox, Lavateren, Läusekraut, Stiefmütterchen, Tagetes. Blumenrondell: Zwergspirea, Tagetes, Silberblatt, Gottesauge und Zwergphlox. Am Gartenzaun werden Gehölze verwendet: ③ Forsythie, ④ Sadebaum, ⑤ Pfirsich, ⑥ Blaufichte, ⑦ Scheinzypresse am Haus, ⑧ Mahonie, ⑨ blauer Wacholder mit Schneeheide als Bodendecker. ⑩ Prachtstauden: Dahlien, Pfingstrosen, Beetrosen, Rittersporn, Chrysanthemen, Sonnenhut, Astilben, Neubelgische Aster. ⑪ Kübelbepflanzung: Geranien, Aukube, Pantoffelblumen, Oleander, Agave, Fuchsien.

Der blühende Gemüsegarten

Garten am Hang. Weg mit Steinplatten, Beetabgrenzungen aus Holz und Polsterstauden. Gehölze: ① Flieder, ② Holunder, ③ Johannisbeeren, ④ Beetrosen. Am Zaun entlang ⑤ Wicken, ⑥ Sommerblumen und größere Gewürzkräuterstauden wie ⑦ Eberraute, Liebstöckel und Estragon. Auf den mittleren Beeten wachsen die Gemüse.

Der blühende Gemüsegarten

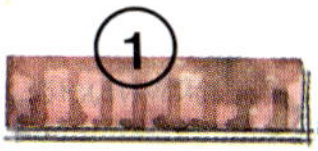

Garten mit abgezäunten Gemüsebeeten (48 m²). ① Bienenhaus, daneben ② Obstbäume. ③ Johannisbeeren außen am Zaun. Garteneingang: ④ Clematisbogen, daneben Frühbeet. ⑤ Gemüse in Mischkultur, ⑥ Dahlienreihe, ⑦ Sommerblumen und Stauden gemischt: Strohblumen, Immortellen, Indianernesseln, Sonnenblumen, Mutterkraut, Sonnenauge, Sonnenhut und andere.

Ausnahmsweise ein Bauerngarten (54 m²) ohne Zaun. Er gehört zum Haus, das auf S. 53 abgebildet ist. Hausbaum ist eine ① Linde. Trittplatten als Wege. Gemüse, Kräuter und Blumen sind intensiv durchmischt. Blickfang im Blumenrondell ist eine ② Strauchrose. In die Randbepflanzung sind ③ Rosenbäumchen mit bunten Glaskugeln und ④ Johannisbeersträucher integriert. An der Stallwand (Südseite) ist ein ⑤ Hochbeet mit Tomaten bepflanzt (Abbildung S. 105).

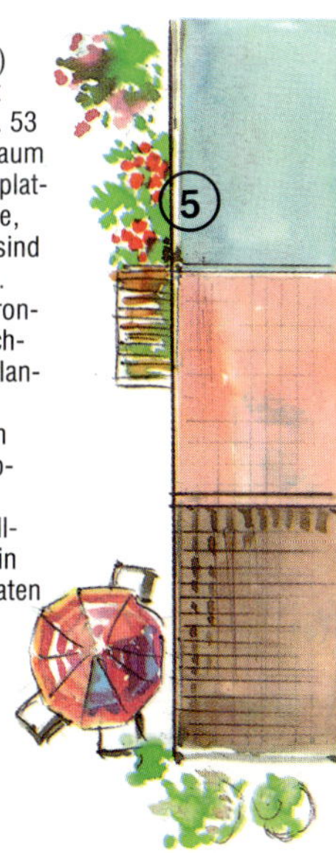

Der blühende Gemüsegarten

Beete einst und jetzt

»Dann im Südwind, bestrahlt von der Sonne, erwärmt sich das Beetchen,
Und ich umfasse mit Holz es im Viereck auf daß es beharre,
Über den ebenen Boden ein wenig höher gehoben.
Allerwärts wird dann die Erde mit krummer Hacke zerkleinert,
Nährstoff des kräftigen Mistes darauf gestreut auf den Boden.
Manche Kräuter sucht man aus Samen zu ziehen, durch alte Stecklinge
Andere zu frischem Keimen und Wachsen zu bringen.«

So schreibt Walahfreid Strabo, und man möchte ihn noch heute umarmen und lieben dafür.

Das Beetchen! Bestrahlt von der Sonne und herausgehoben ist es über den ebenen Boden. Das Herausheben ist keine schlechte Sache. Das Beet wird dann im Frühling eher schnee- und frostfrei, und in nassen Jahren kann das Regenwasser abfließen. Auch recht wasserhungrige Pflanzen schätzen keine nassen Füße. Nur auf ausgeprägten Sandböden kann oder sollte man auf das Herausheben der Beete verzichten, denn in diesen Fällen muß alles vermieden werden, was zu rasches Ablaufen des Wassers und zu starkes Austrocknen fördert.

Beeteinfassungen

Die Praxis, die Beete einzufassen, lebt im Bauerngarten ungebrochen fort, vor allem zu den Wegen hin. Zwischen den einzelnen Beeten liegen meistens Bretter oder auch schmale Betonplatten. Die Beeteinfassungen bestehen oft, wie bei Strabo beschrieben, aus hochgestellten Brettern, öfter noch aus Natursteinen und Flußkieseln, einfach hingelegt oder mit Zement zu einem Mäuerchen verbak-

Frühlingsaspekt eines fabelhaft bewirtschafteten Gartens in Ahlen (siehe Grafik S. 70/71).

ken und noch öfter aus Betonsteinen aller Ausführungen. Oft bestehen sie auch (leider) aus wohlfeiler Kunststoff-Meterware aus dem Baumarkt, bisweilen in herrlichen Gärten mit einer Fülle von Traditionspflanzen. Aber es ist eben wieder das gleiche wie bei den Zäunen: früher war es am billigsten, Steine zu sammeln und huckepack oder mit Pferdekräften heimzuschaffen, heute ist das die teuerste Methode. Diese sachliche Feststellung soll kein Aufruf für schrankenlose Verwendung garstiger, aber leider auch sehr praktischer Zivilisationsprodukte im Garten sein, sondern soll eher eine Anerkennung für Gartenfreunde in Stadt und Land darstellen, die Mühe und Kosten nicht scheuen, ihr kleines Paradies mit der kostspieligen, gediegenen Schönheit natürlicher Materialien auszurüsten und aufzuwerten. Und bevor wir die billigen modernen Materialien kritisieren, sollte bedacht werden, daß der Garten für die Bäuerin kein Hobby ist sondern ein Teil ihrer Arbeitsaufgabe, und daß »unter dem Strich« die Kasse stimmen muß.

Buchseinfassung

Den Inbegriff guter alter Bauerngartenkultur bildet jedoch die sorgsam geschnittene Buchshecke um die Beete. Aber ich erwähnte es schon beim Wegekreuz: buchsgesäumte Wege waren auch früher im Bauerngarten zwar vielleicht nicht gerade die Ausnahme, aber eben beileibe nicht die Regel.

Naturgemäßer Wegbelag, Beeteinfassung aus Holz, Randbepflanzung mit Kräutern und Blumen.

Im Capitulare de Villis kommt der Buchs nicht vor, erst im späteren Mittelalter scheint er in den Lust-, Burg- und Ziergärten aufzutauchen. Auch da scheint er bereits als niedrige Wegeeinfassung verwendet worden zu sein. Man findet heute Buchsein-

Kreuzförmige Wegeführung, Blumenrondell, Beeteinfassung mit Polsterstauden, ein Garten mit Tradition.

Der blühende Gemüsegarten

Stilvolle Vorgartengestaltung mit gepflegtem Buchs- und Blumenparterre in der Elbmarsch.

fassungen in Bauerngärten überdurchschnittlich häufig noch da, wo seine Zweige fürs Brauchtum unerläßlich sind, beispielsweise zwischen Bodensee und Schwäbischer Alb, wo er samt bunten Holzeiern zu kronenartig verzierten Gestecken gebraucht wird. Diese kunstvollen Gebilde werden am Palmsonntag in die Kirche getragen und dann das Jahr über am Gartenzaun aufgestellt, wobei der Buchs sich fahlgelb verfärbt.

Inzwischen bemühen sich, weil der Bauerngarten glücklicherweise wieder in Mode kommt, auch Städter in städtischen Gärten, »einen Bauerngarten anzulegen«, wobei sie als erste und wichtigste Maßnahme Buchseinfassungen um die Beete legen. Obwohl das natürlich, wenn es gelingt, bildschön aussieht, weiß ich nicht, ob ich vorbehaltlos dazu raten soll. Jeder heute als »charakteristisch« betrachtete Bauerngarten hat eine in Jahrzehnten oder womöglich gar in Jahrhunderten gewachsene Ökologie, die man nicht forcieren und »machen« kann. Diese Aussage wird immer wieder in diesem Text zwischen den Zeilen durchscheinen.

Buchseinfassungen sind sehr pflegeintensiv. Im Wohngarten bringt der Buchs außerdem ein spezielles Problem mit sich: in der Sonne stinkt er. Das beschreibt bereits ein Schüler des Aristoteles. Aber auch sonst ist der Buchs im Laufe der Geschichte immer wieder ins Kreuzfeuer erbitterter Kritik geraten, weil er häßlich sei, weil er allerlei Ungeziefer Unterschlupf biete und weil seine Pflege unpraktisch und mühsam sei. Bereits im 18. Jahrhundert rät der Gartenschriftsteller Baumann, man solle statt des unnützen Buchses Heil- und Gewürzkräuter, wie Salbei, Lavendel,

Ysop, Thymian und Majoran als Beeteinfassung einpflanzen. Daß es die geplagten Bäuerinnen auch damit nicht allen Bauerngarten-Schlaumeiern recht machen konnten, zeigt eine Veröffentlichung des Gartentheoretikers Jäger aus dem 19. Jahrhundert, in der er vom Lavendel schreibt, daß man »davon auf dem Lande häßliche Einfassungen antrifft, welche weder schön noch nützlich sind«.
Natürlich war man dem Buchs vor allem auch im Dritten Reich im Zeichen der »Erzeugungsschlacht« nicht grün. So heißt es 1936 in einer Veröffentlichung des »Reichsnährstandes«: »Was treibt sich in den Ziergärten immer noch der Buchsbaum herum, als allerletztes Überbleibsel des Rokoko? Buchseinfassungen sollten recht bald aus den Gärten unserer Zeit verschwinden und dafür Pflanzen mit mehr Brauchbarkeit gepflanzt werden.«
Wer sich in Stadt und Land durch die aufgeführten Warnungen nicht abhalten lassen möchte, Buchs zu pflanzen, sollte beachten, daß es zwei Typen gibt. Die erste ist die Art *Buxus sempervirens,* der langsam aber sicher, wenn man ihn läßt, bis 8 m hoch wächst. Er eignet sich besonders gut als Solitär. Für niedrige Hecken ist die Unterart oder Sorte ›Suffruticosa‹ geeignet. Sie ist zwergwüchsig und eben dies ist ein Vorteil für eine Beeteinfassung. Buchs gedeiht nicht auf staunassen Böden. Als Dünger bevorzugt er kalkhaltigen Nährhumus oder verrotteten Stallmist. Befall mit Schildläusen oder Wachsläusen zeigt zu trockenen Standort an.
Buchs läßt sich leicht vermehren, einer der Umstände, die ihn zur Bauerngartenpflanze prädestinieren. Im Spätsommer von ausgereiften Trieben Stecklinge schneiden, in Kästen mit Erde stecken, im Winter hell und kühl stellen, im Frühling auspflanzen, fertig.

Einfassungen mit Blumen

Heute ziehen blumenliebende Bäuerinnen eine bunte Rüsche aus niedrigen und halbhohen Stauden am Weg entlang: Zwergphlox, Gänsekresse, Steinkresse, Steinkraut, Reseda, Tagetes, Katzenminze, Blaukissen, Polsterglockenblumen, Tausendschönchen, Stiefmütterchen und so weiter, kurzum alles, was jedes Jahr unproblematisch von neuem seiner Pflicht genügt, was nicht zu sehr wuchert und was man ohne Schwierigkeit und kostengünstig selbst heranziehen kann.

Das Gemüse ist die Hauptsache, die Blumen sind Randerscheinungen, auch räumlich betrachtet.

Der blühende Gemüsegarten

Verzierter Nutzgarten

Dieser Ausdruck gibt recht deutlich das Wesen des Bauerngartens wieder. Der Nutzen steht im Vordergrund, und die Zierde ist eine Randerscheinung. Das gilt auch räumlich: im Mittelfeld des Gartens stehen die Gemüse und am Rand die Blumen! Häufig ist der Raum innen und außen am Zaun geradezu ein Paradeaufmarsch hoher und mittelhoher Blumenstauden.
Im Laufe des Gartenjahres und im Zuge des Aberntens der Gemüse treten immer mehr die Blumen in den Vordergrund. Es ist sehr eindrucksvoll zu beobachten, wie sich im Laufe des Sommers aus einem biederen, sehr disziplinierten Gemüsegarten nach und nach ein Blumengarten von ausschweifender Wildheit entwickelt.

Arten- und Sortenvielfalt
Sie gehört zu den charakteristischsten Kennzeichen des Bauerngartens. Allerdings würde man den städtischen Gartenfreunden Unrecht tun, wenn man ihre Gärten pauschal als Rasen-Rosen-Koniferenwüste abtun wollte. Nach den Untersuchungen von Peter Titze (1985) enthalten bäuerliche Gärten in verschiedenen fränkischen Dörfern im Durchschnitt 48–98 Pflanzenarten, während städtische Gärten (Erlangen) durchschnittlich 105 Arten enthalten. Außerdem ergab sich bei diesen Untersuchungen, daß es nur wenige Arten gibt, die speziell auf Bauerngärten beschränkt sind. Zu nennen wären: Alant *(Inula helenium)*, Rundblättriges Hasenohr *(Bupleurum rotundifolium)*, Kleines Löwenmaul *(Antirrhinum orontinum)*, Osterluzei *(Ari-*

In der Ecke ein Buchsbaum, Blumen am Rand, Gemüse in der Mitte, so muß es sein!

stolochia clematitis), Grüne Nieswurz *(Helleborus viridis),* Beinwell *(Symphytum officinale).* Diese Arten wurden für spezielle Brauchtums- und Heilzwecke vor allem bei Erkrankungen der Tiere verwendet. Leider sind sie inzwischen nur noch in den wenigsten Bauerngärten präsent. Sowohl bei den Gemüsen als auch bei den Blumen sind im Laufe der Gartengeschichte immer wieder neue, für die jeweilige Zeit sensationelle Varietäten dazugekommen, die dann grundsätzlich von traditionell gesonnenen Bauerngarten-Bewahrern als neumodischer Firlefanz verteufelt wurden. Die ganze Geschichte des Bauerngartens ist gekennzeichnet durch frappierend ähnlich lautende Klagegesänge über den Verlust des »guten alten Bauerngartens«.

Neues kommt erstens aus fremden Ländern, so daß der heutige Bauerngarten eine Versammlung von Pflanzen aus aller Welt darstellt. Im Verlauf mehrerer historischer Gartenrevolutionen wurde jeweils das Repertoire der Gärten wesentlich erweitert. Zweitens schreitet die Sortenzüchtung fort. Das ging früher sehr langsam, als man die Gesetzmäßigkeiten der Genetik noch nicht kannte. In diesem Jahrhundert hat das Tempo, mit dem Neuzüchtungen erscheinen, immer mehr zugenommen, weil man jetzt weiß, wie es gemacht werden muß.

Noch einmal viel Neues wird die Anwendung der Gentechnik bringen; Horrorszenario für die einen, überquellendes Bioparadies für die Gegenseite. Die Wahrheit liegt wohl nicht nur in der Mitte, sondern wird einerseits durch gesellschaftliche Normen und andererseits durch die Eigendynamik dieses Forschungsprozesses gesteuert werden. Aber daß auch für den Gartenbau neue Aufgaben, Chancen und Gefahren entstehen werden, steht außer Frage.

Möchten Sie einen Bauerngarten anlegen?

12 Regeln sind zu beachten

① Trennen Sie, auch wenn Sie wenig Platz haben, die Gartenpartien nach funktionalen Gesichtspunkten: Obstwiese, Zier- und Kletterpflanzen am Haus, verzierter Nutzgarten an einem sonnigen Platz, Wohngarten (S. 8 ff)

② Haben Sie bei der Planung Mut zu einer geraden, geometrischen Architektur. Durch den Bauerngarten führen gerade Wege (S. 68). Ein »natürlich« geschwungener Weg ist keinen Deut natürlicher als ein gerader. Die Natur sorgt bald für den nötigen Schwung.

③ Bevorzugen Sie beim Zaun und den Zaunpfosten gediegene, aber für Ihr Wohngebiet übliche Materialien. Gerade bei der Gestaltung eines Bauerngartens sollte man nicht aus dem Rahmen fallen, aber die Zaungäste dürfen schon sehen, daß da einer wohnt, der etwas von Zäunen versteht (S. 62 ff).

④ Bevorzugen Sie als Wegbeläge natürliche Materialien, wie Holz, Naturstein oder Rindenmulch. Fassen Sie auch die Beete mit natürlichen Materialien oder mit Blumen ein (S. 74 ff). Wenn Sie bereit sind, sachkundige Pflege zu investieren, dann verwenden Sie Buchs (S. 75 ff). Allzu stilvolle Bauerngärten empfinden echte Bäuerinnen in der Regel als affig. Legen Sie auf die Weglein zwischen den Beeten Bretter.

⑤ Im Gemüseland ist die Einteilung in vier Felder vorteilhaft: je eines für Starkzehrer, Mittelzehrer und Schwachzehrer, und eines für Dauerkulturen (auch ausdauernde Gewürze) und Tomaten. Aber sehr genau wird das im echten Bauerngarten nicht eingehalten (S. 70).

⑥ Die Rolle des Misthaufens übernimmt bei städtischen Bauerngartenfreunden der fachgerecht aufgesetzte Kompost (S. 88 ff).

⑦ Düngen Sie organisch und verbessern Sie die Humusbilanz wo es nur geht, aber verwenden Sie keinen Torf (S. 84). Zur Bodenpflege im Bauerngarten gehört so gut wie stets das herbstliche Umgraben. Sie können aber auch durch Mulchen die Bodengare fördern (S. 87).

Herbstliches Blumenfeuerwerk

⑧ Im Bauerngarten wird selten mit ausgetüftelten Mischkulturplänen gearbeitet, obwohl das an sich empfehlenswert ist. Aber durch die Arten- und Sortenvielfalt sowie durch das Miteinbeziehen von Blumen und Gewürzen entsteht eine gemischte Kultur von großem ökologischen Wert.

⑨ Verwenden Sie zur Unkraut- und Schädlingsbekämpfung keine offensiven sondern defensive Methoden, aber seien Sie nicht allzu zimperlich.

⑩ Seien Sie sparsam mit Gehölzen. Dschungelähnliche Bauerngärten gelten auf dem Land nicht als Zeichen von Naturliebe, sondern von Faulheit oder Schlamperei. Sie müssen nicht nur einheimische Gehölze pflanzen, sondern erlaubt ist (fast alles), was gefällt (S. 50).

⑪ Bei den Blumen dürfen Sie voll hinlangen. Wenn Kinder von Ihrem Garten begeistert sind, dann ist Ihr Bauerngarten richtig (S. 113 ff).

⑫ Der Wohngartenbereich ist im »echten« Bauerngarten (bis jetzt) kein zentrales Thema – und das ist schade. Greifen Sie es auf und realisieren Sie es mit handfestem Mobiliar. Auf »englisch« gepflegter Rasen ist nicht nur ein Stilbruch, sondern macht keinen ökologischen Sinn.

Der blühende Gemüsegarten

Garten mit umzäuntem Bereich (24 m²) und Wiese, in die ein großer ① Kirschbaum, eine Sitzgruppe, eine Schaukel und eine Sandkiste integriert sind. Gemüsegarten-Eingang ist ein ② Rosenbogen. Eine bunte ③ Blumenrabatte am Zaun enthält Taglilien, Astilben, Akeleien, Herbstastern, Margeriten, ein ④ Pfirsichbäumchen und am Rand ⑤ Polsterstauden. Sonst nur Gemüse. Beeteinfassung mit Schnittlauch, Petersilie, Zitronenmelisse, Liebstöckel und Dill. Außerhalb des Zauns stehen u. a. ⑥ Flieder und ⑦ Johannisbeeren.

Der blühende Gemüsegarten

An diesem Garten (umzäunter Bereich 32 m²) besticht die Bepflanzung mit ① Rosenbäumchen in Mischkultur mit Poree. Der Weg zum Haus ist von einer ② Haselhecke begrenzt. Der Garten ist umgeben von artenreicher Ruderalflora wie ③ Schwarznessel und Gutem Heinrich.

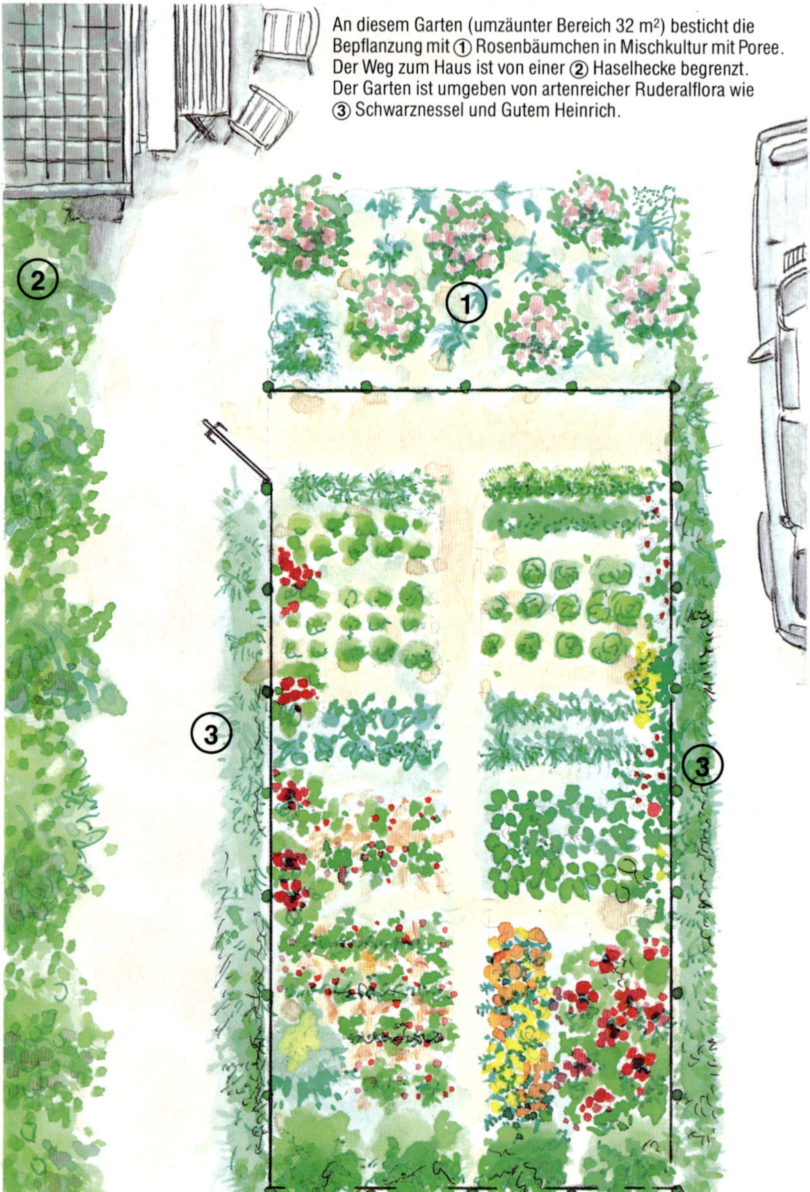

Das wichtigste ist der Boden

Düngung mit Mist

»Wo nicht ist Mistus, da nicht ist Christus.« Auf diese einfache Formel bringen die Bäuerinnen ihr Verhältnis zum Boden. Dieser nur auf den ersten und oberflächlichen Blick blasphemische Spruch drückt aus, daß es für den Gartenboden nichts besseres gibt als den Stallmist. Er verbessert die physikalischen Eigenschaften des Bodens, was mit der Anreicherung an Humusbestandteilen Hand in Hand geht, er führt dem Boden Pflanzennährstoffe zu und er fördert das Bodenleben.

Auf schweren Böden wird der Mist im Herbst ausgebracht und nur flach eingearbeitet. Wird er zu tief eingegraben, kommt es zu ungünstigen Zersetzungsprozessen, die sich mit der Torfbildung im Moor vergleichen lassen.

Schwere Böden haben einen hohen Tonanteil und neigen zur Verschlämmung und Verfestigung, wenn sie unbedeckt der Witterung ausgesetzt sind. Sie sollten im Herbst umgegraben werden, um in den Genuß der sogenannten Frostgare zu gelangen. Dieser Ausdruck bedeutet, daß im Winter beim Durchfrieren der Schollen die Bodenpartikel durch das gefrierende Wasser gesprengt werden, wodurch der Boden krümelig wird. Leider ist dieser erfreuliche Bodenzustand nicht von langer Dauer. Nur durch alsbaldigen Bodenschluß, worunter man das Bedecktsein und Beschatten mit Pflanzen versteht, oder durch Mulchen (S. 84), kann der gare, das heißt lockere Zustand des Bodens erhalten werden. Dieses fruchtbare Traumziel wird Dauergare genannt.

Bei leichten Böden ist man besser beraten, wenn der Stallmist erst im Frühjahr ausgebracht wird. Auf leichten Böden werden durch Regen und Schmelzwasser die Nährstoffe, vor allem der kostbare Stickstoff, stark ausgewaschen. Dieser ausgewaschene Stickstoff gelangt dann in Form von Nitrat ins Grundwasser, und die Pflanzen gehen leer aus. Bei leichten Böden sollte der Mist tiefer eingearbeitet werden als bei schweren Böden, eben um das Auswaschen und den zu schnellen Abbau zu verhindern.

Sandboden ist ein leichter Boden. Er faßt sich beim Reiben zwischen den Fingern rauh an, und oft sind die Sandteilchen gut zu sehen. Er ist nicht formbar sondern krümelig. Für leichte Böden bringt es keinen Nutzen, wenn sie im Herbst umgegraben werden. Es genügt, wenn sie mit der Grabegabel, dem Krail, oder dem Kultivator gelockert und mit einer Mulchdecke bedeckt werden.

Vom Mulchen wird gleich noch die Rede sein. Doch zunächst sei noch berichtet, daß eine Mischung aus Ton und Sand Lehm heißt und daß sich seine Eigenschaften nach dem jeweils mengenmäßig höheren Anteil richten.

Fruchtbares Erdreich bereit zur Bestellung

Auch Kalkboden ist leicht, so daß das Wasser rasch versickert. Außerdem ist er basisch (= alkalisch), was für viele Pflanzen nicht gut ist. Er muß mit Mist und kalkfrei angesetztem Kompost verbessert werden.
Moorböden, das sei noch zur Vervollständigung der Bodenarten gesagt, sind sehr porös und haben einen hohen, jedoch unbelebten Humusanteil. Ihr pH-Wert ist niedrig, das heißt, der Boden ist sauer. Moorböden bestehen aus Torf und sind sehr arm an Pflanzennährstoffen. Durch sorgfältige organische Düngung und Kalkversorgung (S. 85) werden Moorböden jedoch bald zum Leben erweckt.
Unter Mulchen versteht man das Ausbringen von organischem Material, wie etwa Heu, Stroh, Grobkompost, Gartenabfällen oder gehäckseltem Baumschnitt. Ich habe allerdings bisher noch kaum eine Bäuerin gefunden, die wirklich konsequent mulcht, wie es viele alternativ gesonnene Gartenfreunde zum Schutz des Bodenlebens regelmäßig ausüben. Stets wird mir beim Ansinnen, eine Mulchdecke auszubringen, entgegengehalten, daß man dadurch Unterschlupf für Schnecken schaffe, die Wühlmäuse anlocke und daß es schlampig ausschaue, was nicht ganz von der Hand zu weisen ist.

Pflanzennährstoffe und wofür sie gut sind

1) Die Kernnährstoffe

Stickstoff (N), Phosphor (P) und Kalium (K), letzteres auch Kali genannt und nicht zu verwechseln mit Kalk, sind die sogenannten Kernnährstoffe. Sie sind in sogenannten Volldüngern enthalten, die auch als N-P-K-Dünger bekannt sind. In dieser Reihenfolge, nämlich N, P, K, ist auf Handels-Volldüngern jeweils der prozentuale Gehalt angegeben. Die Kernnährstoffe werden im Acker- und Gartenbau von den Pflanzen stark verbraucht und müssen durch Düngemaßnahmen regelmäßig zugeführt werden. Auf eine griffige und etwas vereinfachte Formel gebracht, könnte man sagen, daß Stickstoff vor allem für die Blattbildung, Kalium für die Wurzel- und Fruchtbildung und Phosphor für die Blütenbildung zuständig ist, und auch Haltbarkeit, Geschmack und Frostresistenz werden durch Kalium günstig beeinflußt.
Stickstoff wird von den Pflanzen vor allem in Form von Nitrat aufgenommen. Es wird leicht ausgewaschen, und sein Gehalt im Boden wird durch Regen, Gießen, aber auch durch mechanische Bodenbearbeitung, wie etwa Umgraben und Hacken, wesentlich verändert. Kalium und Phosphor sind im Boden ziemlich stark festgelegt. Was die Pflanzen für ihr Wachstum nicht entnehmen, bleibt im Boden als Vorrat zurück, so daß sich bei regelmäßiger Überdüngung,

auch mit organischer, der Boden immer mehr mit ihnen anreichert – ein Phänomen, das schon fast flächendeckend in den Gärten der BRD zu beobachten ist.

2) Kalk (Ca)
Ihm kommt im Garten besondere Bedeutung zu. Die richtige Versorgung des Bodens mit Kalk ist eine Art Gratwanderung mit Absturzgefahren ins Zuviel oder ins Zuwenig.

- Kalk bindet Säuren im Boden.
- Er festigt die Krümelstruktur des Bodens.
- Er regt das Bodenleben an.
- Er ist ein wichtiger Pflanzennährstoff, der offensichtlich eine ganze Reihe von Pflanzenkrankheiten, wie etwa Kohlhernie, Schwarzherzigkeit beim Sellerie und Stippigkeit bei Äpfeln vorbeugend verhindert.

Aber:
- Zu viel Kalk erzeugt eine basische Bodenreaktion. Das mögen zwar viele Mikroorganismen, aber den meisten Kulturpflanzen ist eine neutrale (pH 7) oder eine leicht saure Reaktion (kleiner als pH 7) lieber.
- Kalk ist ein Humusfresser, was auf lange Sicht die natürliche Bodenfruchtbarkeit zerstört.
- Zu viel Kalk setzt im Boden zu viele Nährstoffe frei, die dann zu rasch verbraucht werden. Dadurch verarmt auf Dauer der Boden. Deshalb sagte man früher: Kalk macht reiche Väter und arme Söhne.

Gekalkt wird auf schweren Böden mit Branntkalk, auf leichten Böden mit kohlensaurem Kalk.
Normalerweise gilt zur Erhaltungskalkung folgende Faustregel:
180–200 g Kalk werden pro m^2 alle 3 Jahre ausgebracht. Kalk wird im Herbst auf den Boden aufgestreut und nicht eingearbeitet. Bei Störungen im Bodenhaushalt muß der Kalkbedarf durch eine genaue Analyse ermittelt werden.
Bei Moorböden erfolgt die Kalkversorgung optimal durch kalkhaltiges Urgesteinsmehl, nämlich Lavamehl (Diabas oder Basalt) mit einem Kalkgehalt von 8–14 %.
Nur der Vollständigkeit halber sei erwähnt, daß Rhododendron, Erika und Heidelbeere keinen Kalk vertragen, aber diese Pflanzen sind im Bauerngarten ohnehin seltene Gäste.

3) Weitere Hauptnährstoffe und die Spurenelemente
Besonders wichtig für die Pflanzen ist das Magnesium, denn es ist für die Bildung von Blattgrün unerläßlich. Eine ganze Reihe von Handelsdüngern enthalten Magnesium. Ein magnesiumhaltiges Naturprodukt ist Dolomit, der eine Mischung aus Kohlensaurem Kalk ($CaCO_3$) und Kohlensaurem Magnesium ($MgCO_3$) darstellt. Auf magnesiumarmen Böden, wie beispielsweise Sand, ist der regelmäßige Einsatz von Dolomit durchaus anzuraten, wobei im gleichen Arbeitsgang die Kalkversorgung des Bodens erfolgt.

Nicht zu vergessen sei der Schwefel als wichtiger Pflanzennährstoff. Er wird für eine Reihe von Pflanzeninhaltsstoffen, wie etwa Senföl sowie das Zwiebel- und Knoblaucharoma benötigt. Schwefel muß man eigentlich dem Boden kaum einmal gezielt zuführen, weil er in allen organischen und vielen mineralischen Düngemitteln enthalten ist und außerdem durch den sauren Regen zugeführt wird.
Der Ausdruck »Spurenelemente« ist eigentlich irreführend, denn er signalisiert, daß man sie nur in winzigen Mengen braucht und daß sie deshalb wahrscheinlich nicht so wichtig seien. Aber eigentlich müßten sie »Hochleistungselemente« heißen, denn sie bewirken im Organismus der Lebewesen lebenswichtige chemische Umsetzungen schon in winzigster Menge.
Die sieben wichtigsten Spurenelemente Eisen, Mangan, Kupfer, Zink, Molybdän, Chlor und Bor sind in ihrer Wirkung auf das Pflanzenwachstum und durch die Schadbilder bei eventuellem Mangel einigermaßen bekannt, z. B. Mangel an dem besonders wichtigen Element Eisen bewirkt eine Gelbfärbung der jungen Blätter.
Alle für das Bodenleben und die Pflanzen notwendigen Spurenelemente sind im Mist und Kompost aber auch in einer Reihe von Handelsdüngern enthalten. Wird die ausgewogene Kalkversorgung und, je nach Bodenart, eine eventuell notwendige Zufuhr von Magnesium beachtet, dürfte eigentlich einer harmonischen Entwicklung der Pflanzen nichts im Wege stehen.

Nährstoffgehalt in verschiedenen Mistarten und Düngeanleitung
So unheimlich nährstoffreich wie mancher denkt, ist der Mist gar nicht, und das ist gut so. Deshalb geht es beim Ausbringen nicht ganz so genau wie etwa bei mineralischen Düngern. Aber außer ihrem unterschiedlichen Nährstoffgehalt haben die verschiedenen Mistarten auch noch andere unterschiedliche Eigenschaften.

Außerdem haben die verschiedenen Kulturpflanzenarten einen sehr unterschiedlichen Nährstoffbedarf, was bei der Düngung berücksichtigt werden muß.
Rindermist sollte abgelagert (12 Monate) verwendet werden. Er gilt als sogenannter »kalter« Mist, das heißt, seine Umsetzung im Boden erfolgt langsam. Er enthält:

0,6 % Stickstoff
0,2–0,3 % Phosphor
0,3–0,5 % Kalium
und alle Spurenelemente.

Pferde-, Schaf- und Schweinemist entsprechen in etwa dieser Größenordnung. Geflügelmist ist etwas nährstoffreicher. Die meisten Nährstoffe enthält trockener Hühnermist:

4 % Stickstoff
4 % Phosphor
1,5 % Kalium
und alle Spurenelemente.

Er ist so kräftig, daß nur 20–30 g pro m^2 ausgebracht werden sollten. Für Frühbeete ist Pferdemist wegen seiner »Hitzigkeit« besonders gut geeignet.

Zum Schluß wäre noch anzumerken, daß der Umgang mit Mist ein hohes Maß an Hygiene und Reinlichkeit erfordert. Gerade auf dem Land erfahre ich immer wieder von hartnäckigen Spulwurmerkrankungen bei Kindern und Erwachsenen, was eigentlich nur durch immer wieder aufgefrischte Neuinfektionen durch Wurmeier aus Fäkalien zu erklären ist.

Die Zahlenangaben in diesem Kapitel stammen aus: Geoff Hamilton, »Der kerngesunde Garten«, BLV 1989. Ein mineralischer Handelsvolldünger (Blaukorn) enthält übrigens N/P/K im Verhältnis von 12/12/17.

Die eben gehörten Zahlenangaben klingen für unser auf »Viel-hilft-viel« getrimmtes Hirn so, als wäre es womöglich doch besser, im Garten mineralischen Dünger anzuwenden. Man sollte sich dabei freilich klar machen, daß sich mineralische Dünger im Wasser lösen und daß der Pflanze diese gelösten Nährstoffe bei ihrer normalen Wasseraufnahme automatisch zugeführt werden, ob sie will oder nicht. Bei organischen Düngern ist das aktive Aufnahmevermögen der Pflanze gefordert, weil die Nährstoffe nicht in gelöster Form zur Verfügung stehen, daher ist die Gefahr einer Überdüngung viel geringer. Auf eine kurze Formel gebracht, könnte gesagt werden: Bei Düngung mit Mineralsalzen ernähren sich die Pflanzen aus dem Wasser, bei organischer Düngung aus dem Boden. Zu betonen ist jedoch, daß man auch mit organischem Dünger zu viel des Guten tun kann.

Gemütliche Atmosphäre in einem gemulchten Garten. Auch die Regenwürmer sind begeistert.

Nährstoffansprüche der Pflanzen

Starkzehrer brauchen viel Stickstoffdünger. Das sind vor allem: Kohlarten, Lauch, Sellerie, Gurken, Kürbis, Rhabarber, Tomaten und Kartoffeln.
Sie sollten auf frisch gedüngtem Boden gepflanzt werden. Man nennt das auch 1. Tracht.
Mittelzehrer brauchen nicht so viel Stickstoff. Das sind vor allem: Schwarzwurzeln, Spinat, Fenchel, Rote Rüben, Möhren, Rettiche, Salate, Zwiebeln und Stangenbohnen. Man pflanzt sie am besten als 2. Tracht, das heißt als Nachfolger der Starkzehrer. Eine Grunddüngung mit halbreifem Kompost ist angezeigt. Bei den Mittelzehrern sind einige Gemüse, die bei frischer Mistdüngung überdurchschnittlich stark von Schädlingen heimgesucht werden, vor allem Möhren, Rettiche und Zwiebeln.
Schwachzehrer brauchen sehr wenig Stickstoff. Es sind: Buschbohnen, Erbsen sowie viele Heil- und Gewürzkräuter. Sie können als 3. Tracht stehen oder in Mischkulturen mit Starkzehrern. Eine Grunddüngung mit reifem Kompost ist empfehlenswert.

Fruchtwechsel

Demnach sollte man den Gemüsegarten in 4 Teile einteilen. Auf dem 1. frisch gedüngten Teil stehen die Starkzehrer. Auf dem 2. Teil waren im Jahr vorher die Starkzehrer. Er wird mit Kompost gedüngt und nimmt die Mittelzehrer auf. Der 3. Teil, auf dem zwei Jahre vorher die Starkzehrer standen, ist nun für die Schwachzehrer gedacht. Der Boden erhält nur eine Verbesserung mit reifem, eventuell auch mit halbreifem Kompost. Wer in seinem Garten so verfährt, erreicht automatisch den für gesunde Böden und gesunde Gartenprodukte notwendige Fruchtwechsel.
Ein 4. Beet sollte die ausdauernden Gemüsearten, nämlich Rhabarber, Spargel sowie ausdauernde Kräuter, wie etwa Estragon, Zitronenmelisse, Gartenraute und Salbei enthalten. Auch die Tomaten können hier stehen, denn es bekommt ihnen gut, wenn sie mehrere Jahre an derselben Stelle wachsen. Diese Einteilung zeigt, daß die klassische Einteilung des Bauerngartens in 4 Felder den praktischen Anforderungen ganz außerordentlich entgegenkommt.

Kompost

Wenn es im Hof noch den guten alten Misthaufen gibt, aus dem goldgelb das Stroh heraussticht, ist der Kompost kein Thema, weil auch Garten- und Küchenabfälle auf dem Misthaufen den Weg alles Irdischen gehen. Das ist aber durch die Spezialisierung vieler Betriebe nicht mehr überall der Fall. In den städtischen Gärten, kommt dem Kompost eine neue und wichtige Bedeutung im Garten

zu. Er sollte im Garten nur insofern ein Schattendasein führen, als er von den Bäumen und Sträuchern beschattet sein soll, aber von seinem Rang her ist er die zentrale Recycling-Anlage für organische Substanzen im Garten. Das heißt aber gerade nicht, daß ihm einfach ungeordnet alle Gartenabfälle überantwortet werden sollen mit der Vorstellung »Der liebe Gott wird's schon richten«.
Ein Kompost muß fachgerecht aufgesetzt werden. Das geht folgendermaßen und folgende Merkpunkte müssen beachtet werden:

- Der Kompost muß Kontakt zum Boden haben.
- Von den Seiten muß Luft an den Kompost herankommen.
- Die unterste Schicht beim Aufsetzen sollte aus gehäckseltem oder geschnitzeltem Astmaterial bestehen und sehr locker sein.
- Die nächste Schicht, etwa 30 cm stark, besteht aus möglichst gemischtem Pflanzenmaterial. Jede Einseitigkeit, also etwa nur Laub, nur Grasschnitt, nur Stroh oder nur holziges Material ist zu vermeiden.
- Über diese Schicht kommt eine dünne Lage mineralisches Material, nämlich ein paar Schaufeln Lehm, Gartenerde oder Urgesteinsmehl (S. 91).
- Als nächste Schicht, 5–10 cm stark, kommt tierisches Material, wofür sich jede Mistart eignet. Wenn tierisches Material in Form von Hornspänen, Blutmehl oder dergleichen verwendet wird, genügt eine Schicht von 1–2 cm.
- Ist das Kompostgut beim Aufsetzen zu trocken, muß das Material mit Wasser angespritzt werden. Weiteres Wässern ist unnötig, denn im Verlauf des Verrottungsprozesses entsteht genügend Wasser.
- In dieser Art wird weiter schichtweise aufgesetzt bis auf ca. 1,20 m Höhe.
- Am Schluß wird der Kompost zugedeckt. Folie, Heu, Reisig oder auch das Bewachsenlassen mit Kapuzinerkresse, Kürbis oder Zucchini hat sich gut bewährt.
- Nach dem bisher Gesagten ist eigentlich schon klar geworden, daß man im Garten mindestens zwei Kompostmieten benötigt: eine zum Materialsammeln und eine, in der der Kompost aufgesetzt ist und verrottet.
- Ein Kompost, der in der beschriebenen Weise aufgesetzt wird, benötigt ein halbes bis ein Jahr bis er verwendet werden kann.

Alle reden von Recycling, wir handeln: Kompostieren macht Pflanzen zu Humus.

Kompost fällt in zwei Fraktionen an:

- Halbreifer Kompost heißt Nährhumus. Bei ihm sind widerstandsfähigere Pflanzenteile noch deutlich in der dunkelbraunen, erdigen Masse zu erkennen. Die Umsetzungsprozesse sind noch in vollem Gange, was man an dem starken Besatz mit Regenwürmern erkennt. Er wird wie Mulch als Düngemaßnahme und außerdem zur Bodenbelebung angewendet. Er enthält etwa halb soviel Nährstoffe wie der Rindermist. Er ist so ungeheuer reich an fressenden, gefressenwerdenden und ausscheidenden Mikroorganismen, daß einem bei der Betrachtung des winzigen Gewusels durchs Mikroskop der Spruch einfällt: »Kleinvieh macht auch Mist«.
- Reifer Kompost heißt Dauerhumus. Die Rotteprozesse sind in ihm abgeschlossen. Stickstoff, Phosphor und Schwefel sind bei ihm ziemlich stark festgelegt, was man als Nährstoffsperre bezeichnet. Deshalb hat er wenig unmittelbare Düngewirkung. Er wird zur Verbesserung der physikalischen Eigenschaften des Bodens verwendet: bessere Krümelstruktur, bessere Wasserführung und leichtere Erwärmbarkeit.
- Zur Grunddüngung der Beete im Frühling oder Herbst ist halbreifer Kompost ideal. Er wird 1 cm hoch auf die Beete gebreitet, das entspricht 2 vollen Eimern pro m^2. Je nach Nährstoffbedarf erhalten die Pflanzen noch zusätzlich Mist (bei Starkzehrern) oder auch nicht (bei Mittel- und Schwachzehrern).

Im übrigen muß man nicht unbedingt alles anfallende Pflanzenmaterial kompostieren. Man kann auch, vor allem im Herbst, Ernterückstände direkt in den Boden einarbeiten, die dann von den Bodenorganismen zu Humus umgesetzt werden. Kompost, Mist oder Ernterückstände sollten stets nur oberflächlich eingearbeitet werden, denn der Boden verbessert sich von oben nach unten.
Besonders nährstoffreich ist selbstverständlich der Mistkompost. Er wird aufgesetzt in Lagen von jeweils 20 cm Mist und einer dünnen Schicht Gartenerde. Nach etwa einem Vierteljahr sollte der Mistkompost umgesetzt werden und ist dann nach einem weiteren Vierteljahr reif. Verwenden Sie auf keinen Fall Kalk für den Mistkompost, denn Kalk verflüssigt und verflüchtigt den Stickstoff. Mistkompost ist die Leibspeise aller Starkzehrer.

Humus

Dieser Begriff ist schon mehrfach gefallen. Man versteht unter Humus die Gesamtheit der organischen Stoffe im Boden. Er kann Nährstoffe speichern und, je nach Ausgangsmaterial, das Drei- bis Neunfache an Wasser aufnehmen.
Im Ackerbau und im Garten ist bei unseren heutigen Bewirtschaftungsformen des Bodens, vor allem auch durch starke Düngung mit löslichen Düngesalzen ein erheblicher Humusschwund zu verzeichnen. Wir Gartenfreunde sind die einzigen, die mit

Kompost, Mulchen, Mist und Gründüngung die Humusbilanz ankurbeln können. Traditionell bewirtschaftete Bauerngärten haben einen großen und tiefreichenden Humusanteil. Solche herrlichen Böden heißen Hortisol. Ein solcher Boden ist zur Hälfte ein Geschenk der Natur und zur anderen Hälfte das Ergebnis sorgfältiger und engagierter Bodenpflege.

Bodenverbesserung durch Steinmehl

Steinmehle sind keine Dünger, weil ihnen die Kernnährstoffe Stickstoff und Phosphor fehlen. Sie haben dennoch eine gewisse Düngewirkung, werten den Boden auf und sind im Gartenbau vielfältig einzusetzen.
Sandböden erhalten durch Zufügen von Tonmehl (Bentonit und Montmorillonit) mehr Quellfähigkeit und mehr Speicherfähigkeit für Nährstoffe. Bei Moorböden ist ein tonerdehaltiges Gesteinsmehl (in der Analyse als Al_2O_3 angegeben) zu empfehlen, damit sich im Boden der Ton-Humus-Komplex ausbilden kann.
Urgesteinsmehle wirken nicht nur durch ihren Gehalt an Pflanzennährstoffen, sondern vor allem auch wegen ihrer superfeinen Vermahlung, wodurch eine große aktive Oberfläche entsteht. Soll das Urgesteinsmehl zur Kalkversorgung im Garten eingesetzt werden, ist Diabas- oder Basaltmehl anzuraten.
Eine besondere Bedeutung kommt der Versorgung der Böden und Pflanzen mit feinverteilter Kieselsäure zu. Kieselsäure verleiht den Pflanzen größere Standfestigkeit und macht sie nachweislich widerstandsfähiger gegen Schädlinge und Krankheiten, was auch für den Ackerbau und für den Wald gilt. Wer im Garten einmal angefangen hat, mit Urgesteinsmehl zu arbeiten, wird es nie mehr lassen. Auch die geradezu sprichwörtliche Fruchtbarkeit des Nilschlammes, der jahrtausendelang die ägyptischen Felder beim alljährlichen Hochwasser verbesserte, kommt von den im Nilwasser fein verteilten Gesteinspartikelchen, die auf den Feldern abgelagert wurden.

Lernen mit allen Sinnen.

Wo Platz ist, sorgt Gründüngung für den Bodenschluß, hier Bienenfreund.

Gründüngung

Dieser Begriff umschreibt die Einsaat mit raschwüchsigen Pflanzen, um einen brachliegenden Boden abzudekken, so daß die sogenannte Schattengare erreicht wird oder erhalten bleibt. Durch Gründüngung wird der Boden gelockert, wobei man gezielt wählen sollte zwischen einer tiefgründigen Lockerung (bis 1,20 m Tiefe) beispielsweise durch den Ölrettich, und einer Lockerung der oberen Bodenschichten, beispielsweise durch den Bienenfreund *(Phacelia).* Auch Mischungen haben sich sehr bewährt.

Die Gründüngungspflanzen werden abgemäht oder umgetreten oder man läßt sie abfrieren. Sie bleiben als Mulch liegen oder können in den Boden eingearbeitet werden. Auf diese Weise wird der Humusanteil im Boden vermehrt.

Gemüse, Kräuter, Blumen, einst und jetzt

Historische Gartenkultur mit Hilfe historischer Bilder zu zeigen ist keine Kunst. Es gibt herzbewegende uralte Bildzeugnisse. Ich habe mir jedoch vorgenommen, die historischen Strukturen an heutigem Fotomaterial aufzuzeigen und hoffe, es gelingt mir.

Was unsere Natur hergibt

Bei unseren historischen Betrachtungen des Obstbaues haben wir festgestellt, und jeder, der offenen Auges die Natur betrachtet, sieht es, daß unsere einheimische Natur viele eßbare und zur Weiterzucht geeignete Früchte hervorbringt (S. 26). Aber bezüglich der Gemüse stellen wir fest,

Gründüngungspflanze	Aussaattermin
Kapuzinerkresse	Mai–Juni
Kleearten	bis Mitte Juli
Ackerbohne, Sonnenblume	bis Ende Juli
Phazelia, Ölrettich	bis August
Felderbse, Platterbse, Wicke, Lupine	Anfang–Mitte August
Sommerraps, Senf, Stoppelrübe	bis Ende August

daß einheimische Wildgemüse vor allem nur in ärmeren Gegenden und in schlechten Zeiten verwendet wurden.
In manchen Landschaften wurde im Frühling von den Wiesen und aus der Ruderalflora des Dorfes einiges an genießbaren Pflanzen geholt. Neben Sauerampfer, Gutem Heinrich und Kümmelblättchen wurden auch Vergißmeinnicht, junge Acker- und Kohldisteln, Krauser Ampfer, Bärenklau, Wiesenknöterich und andere Seltsamkeiten zu einer Art Spinatgemüse zubereitet. Nur wenig jedoch eignet sich aus unserer Flora zur Kultivierung im Garten. Allenfalls kommen der Feld- oder Rapunzelsalat sowie die Melden in Frage, deren Nährwert aber, in Kalorien ausgedrückt, und darauf kam es früher vor allem an, kaum ins Gewicht fällt. Von der Gartenmelde *(Atriplex hortensis)* kennt man heute fast nur noch im Rheinland einige Gemüse- und Suppenrezepte. Ansonsten fristet sie ihr Dasein Jahrhundert für Jahrhundert in Sandgruben, auf Schuttplätzen und im Ödland der Dörfer (S. 123). Genauso geht es dem Amaranth (*Amaranthus* sp.), falls er überhaupt eine einheimische Pflanze ist. Und wer schon einmal eine Wilde Möhre oder Pastinake ausgegraben hat, ahnt, daß hundert Pflanzen kaum reichen, um für eine hungrige Familie ein Gemüsegericht zu kochen.
An prächtigen »gartenwürdigen« Zierpflanzen gibt unsere Natur auch nicht besonders viel her. Sie werden bei der Beschreibung der Bauerngarten-Blumen genannt (S. 113).

Selbstversorgung der Familie mit Gemüse ist das Wichtigste beim Bauerngarten.

Pflanzenliste des Capitulare de Villis

Wir wollen, daß man im Garten alle Kräuter habe, nämlich:

1. lilium - Weiße Lilie
2. rosas - Rosen
3. fenigrecum - Bockshornklee
4. costum - Frauenminze
5. salviam - Salbei
6. rutam - Raute
7. abrotanum - Eberraute
8. cucumeres - Gurken
9. pepones - Melonen
10. cucurbitas - Flaschenbirne
11. fasiosum - Saubohnen
12. ciminum - Kreuzkümmel
13. rosmarinum - Rosmarin
14. careium - Kümmel
15. cicerum - Kichererbse
16. squillam - Meerzwiebel
17. gladiolum - Schwertlilie
18. dragantea - Drachenwurz
19. anesum - Anis
20. coloquentidas - Koloquinten
21. solsequium - Eichorie
22. ameum - Ammi
23. silum - Laserkraut
24. lactucas - Salat
25. git - Schwarzkümmel
26. eruca alba - Rauke, Weißer Senf
27. nasturtium - Kresse
28. parduna - Klette oder Pestwurz
29. peludium - Poleiminze
30. alisatum - Schwarzes Gemüse
31. petresilinum - Petersilie
32. apium - Sellerie
33. leuisticum - Liebstöckel
34. savinam - Sadebaum
35. anetum - Dill
36. fenicolum - Fenchel
37. intubas - Endivien
38. diptamnum - Diptam
39. sinape - Senf
40. satureiam - Bohnenkraut
41. sisimbrium - Krausenminze
42. mentam - Wasserminze
43. mentastrum - Waldminze
44. tanazitam - Rainfarn
45. neptam - Katzenminze
46. febrefugiam - Mutterkraut
47. papaver - Mohn
48. betas - Mangold
49. vulgigina - Haselwurz
50. mismalvas - Eibisch
51. malvas - Malven
52. carvitas - Möhren
53. pastinacas - Pastinak
54. adripias - Gartenmelde
55. blidas - Amarant
56. ravacaulos - Kohlrabi
57. caulos - Kohl
58. uniones - Bärlauch
59. britlas - Schnittlauch
60. porros - Porree, Lauch
61. radices - Rettich
62. ascalonicas - Schalotten
63. cepas - Zwiebeln
64. allia - Knoblauch
65. warentiam - Krapp
66. caradones - Artischocken, Weberkarden
67. fabas majores - Große Bohne
68. pifos Mauriscos - Felderbse
69. coriandrum - Koriander
70. cerfolium - Kerbel
71. lacteridas - Springkraut
72. sclareian - Muskatellersalbei

und der Gärtner soll auf seinem Hause haben: Hauswurz

Revolutionäre Neuerungen im Garten: Altertum und Mittelalter

Nachdem, wie wir dem römischen Schriftsteller Tacitus (1. Jh. n. Chr.) entnehmen können, die Gemüseauswahl in germanischen Gärten lächerlich ärmlich gewesen sein muß, brachten schon die Römer mit einer Fülle wichtiger Gartengemüse die erste Gartenrevolution nach Germanien. Mit Karl dem Großen kam die zweite, revolutionäre Neuerung für die Gärten. Das Gemüserepertoire erweiterte sich erheblich, wie aus der Liste des Capitulare de Villis abzulesen ist.

Die Anweisungen Karls des Großen brachten die bis heute gültige Grundausstattung in die Bauerngärten. Er verbreitete seine Absichten zum deutschen Gartenbau nicht auf freiheitlich-demokratischem Wege, sondern per verbindlicher, allerhöchster Verordnung, so daß bis heute traditionell angelegte Bauerngärten viele Gemeinsamkeiten aufweisen, auch wenn sie 500 km weit auseinander liegen.

Die Klöster wirtschafteten weitgehend autark und kümmerten sich um die Weiterzucht und Verbreitung der Kulturpflanzen. Außerdem waren sie medizinisches Zentrum für die Bevölkerung und zogen in aller Regel ein beachtliches Repertoire an Heil-, Gewürz- und Duftpflanzen heran. Aber auch beim Gemüse- und Obstanbau reicht ihre Pionierarbeit bis zum heutigen Tage.

Das Mittelalter war eine Zeit der Städtegründungen. Die geknechteten und

Seit dem Mittelalter umgibt ein Kranz von Gärten die Stadtmauer (Dettelbach, Mainfranken).

leibeigenen Bauern strömten in die Städte, weil »Stadtluft frei machte«. Sie taten auch in der Stadt das, was sie gelernt hatten: sie versorgten die Stadtbevölkerung mit Eßbarem. Sie legten, vor allem als Kranz um die Stadtmauern, Gärten an, Vorläufer der heutigen Gärtnereien.
Hildegard von Bingen (1098–1179) und Albertus Magnus (1193–1280) sei noch ehrfurchtsvoll Reverenz erwiesen für ihre umfassenden botanischen Werke, in denen die gesamten mittelalterlichen Kenntnisse über den Gartenbau, die Landwirtschaft und die Wildpflanzen zusammengefaßt sind. Im Verlauf des Mittelalters kamen noch durch den aufblühenden Handel und die Kreuzzüge neue Pflanzen nach Mitteleuropa. Aber insgesamt betrachtet, war das an die 800 Jahre dauernde Mittelalter, das wir zu Unrecht oft als finster bezeichnen, eine Zeit wirtschaftlicher Sammlung und großer Stabilität.

Die Entdeckung Amerikas und die großen Entdeckungsreisen

Das denkwürdige Jahr 1492, als Kolumbus Amerika entdeckte, gilt heute als Beginn der Neuzeit. Für den Gartenbau bedeutete es den Beginn einer Revolution mit sensationellen Neuerungen. Man darf fast sagen, daß schon mit den ersten Schiffsladungen die ersten Neuheiten auf den europäischen Markt und in die europäischen Gärten kamen. Manche von ihnen wurden sehr rasch auch in die Bauerngärten aufgenommen, sehr zur Erbitterung konservativer Gartentheoretiker.
Sie sahen schon den Untergang des guten alten Bauerngartens kommen. So schreibt 1535 der große Hieronymus Bock: »Die köstlichen Wurzeln, so täglich bei uns mit Füßen getreten, will niemand wahrnehmen. Also ganz ist unser Kunst, Art und Natur auf fremde Ding geneigt, die wir nit wissen noch haben.« Auch die großen Entdeckungsreisenden brachten von überall her neue Pflanzen nach Europa, so daß heute im Bauerngarten Pflanzen aus allen Erdteilen und Klimazonen versammelt sind.
Wenn Sie sich an unsere Betrachtungen über die Geschichte des Obstbaues erinnern, fällt Ihnen vielleicht auf, daß die Gartenrevolution zu Be-

ginn der Neuzeit an der Geschichte des Obstbaues (S. 25 ff) offenbar so gut wie spurlos vorübergegangen ist.

Barock, Rokoko, Romantik und »Zurück zur Natur«

Wir hörten schon, daß etwa zur Barockzeit in den Fürstengärten der Buchs in Mode kam und daß es nicht allzu lange dauerte, bis er auch in die Bauerngärten gelangte. Die Barockzeit mit ihrem repräsentativen theatralischen Glanz war, ökonomisch betrachtet, das Wirtschaftswunder nach dem Dreißigjährigen Krieg. Zwar war die Barockzeit eine Zeit der Fürsten, aber auch für Bürger und Bauern gab es einen gewissen wirtschaftlichen Aufstieg. So konnten sich reiche Bauern etwas – mit Verlaub gesagt – so Überflüssiges und Unpraktisches wie Buchseinfassungen um die Beete leisten. Aber Allgemeingut war das nicht. Die Barockzeit hat demnach nicht so sehr den Pflanzenbestand des Bauerngartens verändert, sondern allenfalls die Anlage und den Stil, aber auch das nicht durchgehend.

In der Rokokozeit verliert in der »großen« Gartengeschichte der Garten seine Würde und repräsentative Weite und erhält den Charakter des Labyrinthischen. Das ist schon der Aufbruch zu einer neuen Gartenrevolution, die sich geistig in England vorbereitete und dann auch das europäische Festland erfaßte, und die Jean Jacques Rousseau mit dem Slogan »Zurück zur Natur« auf den Punkt brachte.

Dieser Trend ist, so will mir scheinen, am Bauerngarten vorbeigegangen, genau wie der heutige Trend zum naturnahen Garten auch an ihm vorbeigeht. Natur im Garten als Selbstzweck ist für Bäuerinnen kein Thema. Aber Sinn fürs Romantische hat man auf dem Lande durchaus: bunte Glaskugeln sowie da und dort auch Gartenlauben, Hauskapellchen oder Grotten und Kruzifixe, aber auch Gartenzwerge, Ritterburgen und bepflanzte Brünnlein sind Zeugnisse des »sentimentalen Gartens« der Romantik, der bis heute das Kind in uns anrührt.

Gäste aus Ostasien

Um die Mitte des vorigen Jahrhunderts gibt es eine weitere Gartenrevolution. Japan öffnet seine bis dahin sorgsam verschlossenen Grenzen, und eine Fülle sensationell neuer Pflanzenarten kommt aus diesem Land begnadeter Gärtner nach Europa. Und weil man schon einmal dabei ist, Neuerungen einzuführen, werden gleich auch aus dem übrigen Ostasien, vor allem aus China, neue Pflanzen mitgebracht. Nachdem manche von ihnen sehr bald auch im Bauerngarten Fuß gefaßt hatten, gerieten sie heftig ins Kreuzfeuer der Kritik. So schreibt der Heimatforscher Hans Scherzer 1922: »Der ›japanische Garten‹ und andere in Farbe und Duft wenig sagende Fremdlinge und Modeblumen sind es, die anstelle der köstlich duftenden, durch Heilkraft oder Schönheit oder sinnige Namen in altem guten Ruf stehende Gartenpflanzen treten.« Der von mir sehr verehrte Hans Scherzer möge mir verzeihen, aber ihm scheint entgangen zu sein, daß zu diesen »neumodischen« Blumenfremdlingen auch das aus dem Bauerngarten nicht wegzudenkende Tränende Herz gehört.

Die letzten 150 Jahre

In ihrem Verlauf brach die Industrialisierung und Technisierung über die Menschheit herein, gefolgt von einer völligen Veränderung der Lebensumstände und Wertvorstellungen in Stadt und Land. Arbeitskräfte strömten vom Dorf in die Stadt. Um 1800 lebten 80 % der Bevölkerung des deutschen Reichsgebietes auf dem Land, 1880 waren es nur noch 34 %. Umgekehrt zog es Großstadtgeschädigte aufs Land, wodurch die kulturhistorisch gewachsenen Grenzen zwischen Stadt und Land zunehmend verwischt wurden. Dieser Trend hält bis heute an. Die ländliche Bevölkerung nahm städtische Eigenschaften an und auch der Bauerngarten »verstädterte«. Das bedeutet, daß viele bäuerliche Gärten sich kaum von einem Schreber- oder Reihenhausgarten unterscheiden. Pointiert ausgedrückt könnte man sagen: Viele Bauern haben keinen Bauerngarten mehr.

Wirtschaftlich begann es in der zweiten Hälfte des letzten Jahrhunderts nach Jahrzehnten der Teuerung und der Hungersnöte den Bauern besser zu gehen. Das lag vor allem an der Erfindung der mineralischen Düngung durch Justus von Liebig (1803–1870), Dank sei ihm dafür gesagt.

In der Zeit des Dritten Reichs war der Bauerngarten groß in Mode. Alles Traditionelle, Volkstümliche und Urwüchsige wurde aufgegriffen und mit einem pompösen Blut-und-Boden-Mythos glorifiziert. Im Rahmen der »Erzeugungsschlacht« entwickelte sich dann natürlich auch der Bauerngarten zum Schlachtfeld.

Urige Taubenhäuser gehören in Franken zum schmückenden Inventar der Bauerngärten. Der besonders gehaltvolle Mist kommt dem Boden zugute.

Der blühende Gemüsegarten

Auch heute ist im Zuge der Nostalgiewelle der Bauerngarten wieder interessant geworden. Eine Fülle von Veröffentlichungen, teils wissenschaftlicher, teils volkstümlicher Art nimmt sich seiner an. Wieder ist ein großer Teil vor allem der im Literaturverzeichnis nicht genannten Veröffentlichungen geprägt durch das alte Mißverständnis, daß es beim Bauerngarten auf die Romantik ankomme. Aber dekorativ von einem alten Bauernhaus abblätternder Putz mit einer austauschbaren Pflanze im Vordergrund macht keinen Bauerngarten.
Und jetzt pflanzen wir.

Gemüse gedeihen am besten in voller Sonne und im Windschutz einer Hecke.

Gemüse im Bauerngarten

Lauter Kohl

Keine andere Gemüseart bietet so vielfältige und unterschiedliche Erscheinungsbilder und Geschmacksvarianten wie der Kohl *(Brassica oleracea),* je nachdem, welcher Pflanzenteil besonders stark ausgeprägt ist. Sozusagen von Kopf bis Fuß, will sagen von Blüte bis Wurzel, gibt es, außer der Frucht, kein Pflanzenorgan, das nicht zur Verwendung als Gemüse in überdimensionalem Format herausgezüchtet worden wäre. Kohl, dessen Wildform wohl aus dem Mittelmeerraum stammt, wurde bereits im Altertum in einer großen glattblättrigen, einer krausblättrigen und einer zartblättrigen, scharf schmeckenden Form gezüchtet. Beim Krausblättrigen dürfte es sich um den Vorläufer des in Norddeutschland sehr beliebten Grünkohls handeln. Auch in den germanischen Gärten soll der Kohl bereits vertreten gewesen sein, wie Tacitus schreibt.

Im Capitulare Karls des Großen kommt er ebenfalls vor. Während des gesamten Mittelalters gehören die Kohlsorten zu den wichtigsten Gemüsen. Seit dem Altertum haftete ihm jedoch bis in unser Jahrhundert hinein der Duft des Armeleute-Essens an. Allerdings hat während des Mittelalters das Gemüse in der Ernährung längst keine so große Rolle gespielt wie heute. Getreide, das es in viel größerer Sortenvielfalt gab als heute, bil-

Hier werden neben Rotkohl vor allem Gurken zum Einlegen angebaut, und zwar gleich mit den nötigen Gewürzen, nämlich den halbreifen Fruchtständen des Dill.

dete die Ernährungsgrundlage des Menschen.
Die Kohlsorten sind durchwegs anspruchsvolle Gewächse. Erstens sind sie mit Ausnahme des Kohlrabi allesamt Starkzehrer und brauchen eine kräftige Grunddüngung, ausreichend Kalk und eventuell noch eine Kopfdüngung. Zweitens sind alle Kohlsorten einer geradezu unglaublichen Masse von Schädlingen und einer Fülle von Krankheiten ausgesetzt, so daß der Anbau von Kohl im Hausgarten in Stadt und Land in manchen Jahren zum Debakel wird. Drittens braucht Kohl sehr viel Platz. Frühkohlpflanzen müssen im Abstand von 40 × 40 cm und Spätkohlpflanzen im Abstand von 50 × 50 cm gesetzt werden. Zu enges Pflanzen ergibt kleine und kranke Köpfe. Außer den althergebrachten Sorten, wie Weißkraut, Rotkraut, Wirsing, Rosenkohl und Blumenkohl (in warmen Gegenden) sind heute in vielen Bauerngärten auch sämtliche »Neuheiten« vertreten, wie etwa Chinakohl, Butterkohl und Brokkoli.

Kraut- oder Feldgärten

Vor allem wegen der Platzfrage werden Weißkraut und andere große Kohlsorten häufig nicht im Garten, sondern in der Feldflur angebaut. Draußen im Freien ist Kohl im allgemeinen gesünder, vor allem da, wo noch Hecken als Nützlingswohngebiete stehen. Oft werden auch Kohlrüben, Möhren, Puffbohnen, manchmal auch Lauch und Zwiebeln sowie in Sandgebieten Spargel und Meerrettich draußen im Feld angebaut. Im all-

Im »Krautgartl« draußen auf dem Feld haben die Kohlsorten den nötigen Platz

gemeinen gibt es keinen Zaun, höchstens zeitweisen Schutz mit einfachen Stöcken oder Maschendraht. Anzumerken wäre noch, daß der Kohl, botanisch betrachtet, mit Meerrettich, Raps, Senf und Brunnenkresse zur großen Familie der Kreuzblütler *(Cruciferae)* gehört, eine Information, die beim Fruchtwechsel wichtig ist.

Salate

Mit ihnen wird automatisch die Assoziation »Rohkost« verbunden. Das ist aber relativ neu. Früher war Rohes verpönt. Endivie, die es schon im Mittelalter gab, wurde gekocht und mit Bohnen zusammen sauer eingelegt. Die Rohkostwelle ist neueren Datums. Sie begann in der Stadt und bewegt sich inzwischen auch auf die bäuerliche Küche zu. Auf den Garten ist der Salatboom mit einer Fülle interessanter neuer Sorten schon voll durchgeschlagen. Was man gerade eben als Neuheit im Katalog entdeckt hat, sieht man mit Sicherheit bereits im nächsten Sommer in einem Bauerngarten.

Kopfsalat *(Lactuca sativa)* gibt es in vielfältigen Variationen, z. B. auch als Eissalat, Pflücksalat, Schnittsalat und Spargelsalat, jeweils wieder in zahlreichen Varianten und Sorten.

Endivie *(Cichorium endivia)* wird we-

Viel Salat, neueste Kohlrabizüchtung: alles ist da für die Vollwertküche.

gen ihres leicht bitteren Geschmacks oft gebleicht.
Chicoree *(Cichorium intybus)* gehört zur selben Gattung wie Endivie und wird vor allem zum Treiben verwendet.
Löwenzahn *(Taraxacum officinale)* in seiner Gartenform wird vor allem in Gegenden angebaut, die an Frankreich angrenzen.
Die bisher genannten Salate gehören zur großen Familie der Korbblütler *(Compositae).* Fruchtwechsel sollte mit Pflanzen aus anderen botanischen Familien erfolgen.
Feldsalat *(Valerianella locusta)* ist botanisch betrachtet etwas ganz anderes, nämlich ein Baldriangewächs. Er ist eine typische Nachkulturpflanze für den Herbst.
Gartenkresse *(Lepidium sativum),* bereits bei den Römern bekannt, ist hingegen ein Kreuzblütler und fügt sich bescheiden von Frühjahr bis Herbst in jede Lücke.

Weitere Blattgemüse

Mangold *(Beta vulgaris)* ist bereits im Capitulare de Villis verzeichnet. Aber schon im 13. Jahrhundert hat ihm der aus Westasien stammende Spinat *(Spinacea oleracea)* den Rang abgelaufen, ein Trend, der bis heute anhält. Inzwischen gibt es bei Mangold interessante, übrigens auch sehr attraktive, z. B. rotstielige Neuzüchtungen, sowie solche mit geflügelten, schneeweißen Stielen oder mit krausen Blättern. Man wird sehen, ob sie sich durchsetzen können. Mangold

Neue, auch optisch attraktive Züchtung: rotstieliger Mangold.

und Spinat eignen sich gut zur Mischkultur mit Buschbohnen, Kohlarten, Erbsen und Möhren. Beide gehören, genau wie die Melde und der Gute Heinrich, zur Familie der Gänsefußgewächse *(Chenopodiaceae).*
Außerdem gibt es noch regionale Besonderheiten, wie beispielsweise Rübstiel oder Stielmus *(Brassica rapa),* nahe mit dem Kohl verwandt, das im Rheinland und in Nordrhein-Westfalen gern angebaut und gegessen wird, aber sonst praktisch völlig unbekannt ist. In der Rhön und ihrer Umgebung hingegen kommt man ohne den Garten-Sauerampfer *(Rumex acetosa)* nicht aus.
Rhabarber *(Rheum rhabarbarum)* wurde in Deutschland zum ersten Mal durch Hildegard von Bingen beschrieben. Außer der Verwendung seiner Stiele als Kompott kann aus seiner Wurzel ein abführendes Medikament gewonnen werden.

Rettiche und Radieschen

Rettiche *(Raphanus sativus)* in verschiedenen Sorten sind altehrwürdige Gartenpflanzen. Schon das Allroundgenie Plinius der Ältere, der 79 n. Chr. beim Ausbruch des Vesuvs umkam, gibt folgende Anweisungen zur Rettichkultur: »Der Rettich verlangt lockeren, feuchten Boden, will keinen Mist und nimmt mit Spreu vorlieb.« Merken Sie auf, verehrte Gartenfreunde, bei Plinius wurde bereits gemulcht! Bald brachten ihn die Römer nach Germanien, wo offenbar außer dem Rettich auch das Gärtnerlatein bestens gedieh, denn Plinius schreibt: »In kalten Gegenden gedeiht der Rettich so gut, daß er in Germanien die Größe neugeborener Kinder erreicht.« Daß der Rettich mit den Römern nach Germanien kam, hat Auswirkungen bis heute. In Norddeutschland, also im ehemaligen freien Germanien spielt er bis heute noch nicht die Rolle eines Volksnahrungsmittels, wie es etwa in Bayern der Fall ist.

Rettiche, und das gleiche gilt für Radieschen, werden durch frischen Stallmist krankheits- und schädlingsanfällig.

Weitere Wurzelgemüse

Hier sind die Doldenblütler *(Umbelliferae)* stark vertreten, nämlich Möhren, Pastinak, Wurzelpetersilie, Sellerie und Knollenfenchel. Letzterer beginnt allerdings erst allmählich sich in den Küchen und Gärten zu etablieren. Umgekehrt ist das Schwarze Gemüse aus dem Capitulare seit Jahrhunderten aus den Gärten verschwunden. Bei dieser Pflanze dürfte es sich um den Pferdeeppich *(Smyrnium perfoliatum)* handeln, der offensichtlich vom Sellerie verdrängt wurde. Heute wächst er da und dort in Parks und Unkrautfluren, allerdings ziemlich selten.

Auch der Pastinak wurde durch Weiterzüchten der Möhre mehr oder weniger aus den Gärten verdrängt. Er steht heute oft auf Ödland und vor allem an Straßenrändern. Er ist jedoch als würziges Füllmittel in gekörnten Fleisch- und Gemüsebrühen in unseren Kochtöpfen sozusagen allgegenwärtig.

Kaum einen Bauerngarten gibt es ohne Rote Rüben, die auch Rote Bete heißen, abgeleitet vom lateinischen *Beta vulgaris* und die demnach verwandt sind mit dem Mangold.

Zu den Kohlsorten gehört die Speiserübe in ihren verschiedenen Varianten, etwa Mairübe, Herbstrübe und Teltower Rübchen, regionale Spezialitäten. Seit den Hungerzeiten der beiden letzten Kriege, als der muffige, säuerliche Geruch von tagtäglichem, mehrfach aufgewärmtem Steckrübengemüse selbst sehr Hungrigen den Nerv tötete, haben es Speiserüben in Deutschland zu keiner flächendeckenden Karriere mehr gebracht.

Zwei Korbblütler liefern noch Wurzelgemüse, nämlich Schwarzwurzel und Topinambur. Die erste wird wegen ihrer guten Lagerfähigkeit häufig ange-

Großer Gemüsegarten, nicht nur zur Selbstversorgung sondern auch für den Markt. Alle Hochachtung für die Leistung der Gärtnerin.

baut. Die rundlichen, weißen Knollen der zweiten lassen sich schlecht lagern. Vielleicht ist das ein Grund, warum sie, obwohl durchaus schmackhaft, selbst als Viehfutter kaum auf Interesse stößt.

Kartoffeln

Sie gehörten zu den ersten Pflanzen, die von Amerika herübergekommen sind, und wurden zunächst höchst mißtrauisch beäugt. Die Kartoffel hieß zuerst »Tartuffel«, was mit dem Begriff »Trüffel« zusammenhängt. Nachdem in Deutschland alles ganz besonders effektiv funktioniert, wenn es obrigkeitlich befohlen wird, setzte sich die Kartoffel erst durch, als ihr Anbau von Friedrich dem Großen angeordnet wurde. Dann allerdings entwickelte sie sich in kürzester Zeit zum Volksnahrungsmittel und es hieß von ihr:

**»Tartuffeln in der Früh',
z'Mittag in der Brüh',
auf d'Nacht in die Häut,
Tartuffeln in Ewigkeit.«**

Kartoffeln sind heute nicht unbedingt Gartenpflanzen, sondern wachsen auf dem Feld. Dennoch findet man Kartoffeln unter bestimmten Bedingungen im Bauerngarten. Erstens, wo mehr Platz im Garten ist als zur Versorgung der Familie benötigt wird, werden häufig Frühkartoffeln angebaut. Zweitens, fast durchgehend im Gebirge, wo Viehwirtschaft vorherrscht und Kartoffeln eben nicht auf dem Feld wachsen, sondern im Garten gehätschelt werden müssen. Drittens, wo den Bäuerinnen die Gartenarbeit zu viel wird, werden häufig die weniger arbeitsaufwendigen Kartoffeln gepflanzt.

Der blühende Gemüsegarten

Zwiebelgewächse

Sie gibt es sozusagen schon immer in den Gärten, nämlich nachgewiesenermaßen seit gut 5000 Jahren. Daß so alte Kulturpflanzen durch Züchtung stark verändert wurden, ist selbstverständlich. Schon Dioskorides nennt die Zwiebel »Vielgestalt«. Im Capitulare kommen sechs Zwiebelgewächse vor, nämlich zwei Zwiebelarten, außerdem Schalotten, Knoblauch, Schnittlauch und der durch alle Jahrhunderte bis heute viel verwendete Lauch oder Porree. Sie sehen, schon damals hat der Knoblauch seinen ersten Anlauf unternommen, Mitteleuropa zu erobern. Wie Sie wissen, ist es ihm nie wirklich gelungen, allenfalls in Form garantiert »geruchloser« Pillen. Glücklicherweise ist es gerade die »feine« Küche, die derzeit eine Lanze für den Knoblauch in die Bastion unserer leicht angestaubten Hausmannskost bricht.

Hülsenfrüchte

Auch sie gehören zu den historisch sehr alten Gemüsen. Außer ihrem hohen Kohlenhydratgehalt besitzen sie biologisch hochwertiges Eiweiß, das sich vor allem mit Getreide zusammen zu allen essentiellen Aminosäuren ergänzt. Das Capitulare enthält vier verschiedene Hülsenfrüchte, nämlich Saubohne, Kichererbse, Große Bohne und Felderbse. Sie waren auch deshalb unproblematisch anzubauen, weil sie sich mit Hilfe ihrer Knöllchenbakterien an den Wurzeln bezüglich des Stickstoffs selbst düngen. Sie wurden jedoch, weil sie in größerer Menge gebraucht wurden, meistens feldmäßig angebaut. Die Hülsenfrüchte in Form der ausgereiften, getrockneten Samen sind bei uns nicht mehr groß in Mode. Sie gelten zu Recht als kalorienreich (ca. 266 kcal/100 g, dagegen Kartoffeln 84 kcal/100 g!) und zu Unrecht als Armeleute-Essen. Erst die Vollwertkost hat die Hülsenfrüchte zu neuem Ansehen gebracht, allerdings vor allem in Form importierter Sojabohnenprodukte.

Gemüse, Kräuter und Blumen in spontaner und gesunder Mischkultur.

Die heute vorwiegend angebauten Gemüseerbsen *(Pisum sativum)* stammen in ihrer Wildform aus dem Mittelmeerraum. Sie sind etwas robuster als die außerordentlich kälteempfindlichen Gartenbohnen *(Phaseolus vulgaris),* die aus dem subtropischen Südamerika stammen und sehr bald nach der Entdeckung Amerikas ihren Siegeszug durch die mitteleuropäischen Gärten angetreten haben. Allerdings muß es offenbar ein eher leiser Siegeszug gewesen sein, denn Fischer-Benzon (siehe Literatur) schreibt, daß sich ihre Einführung ganz unbemerkt vollzogen habe. 1539, also noch nicht einmal 50 Jahre nach der Entdeckung Amerikas, gab es in Europa schon sieben Gartenbohnensorten.

Selbst im Gebirge gedeihen die empfindlichen Tomaten im Hochbeet an der Hauswand.

Fruchtgemüse

Sie gehören zu den anspruchsvollen und kälteempfindlichen Gemüsen. Flaschenkürbis, Melone und Gurke sind schon im Capitulare erwähnt, und Walahfried Strabo beschreibt in seinem »Cucurbita« überschriebenen Gedicht das Ausschaben des Fruchtfleischs und die Herstellung von Weingefäßen aus der großen, hartschaligen Kürbisfrucht.
Bereits zu Beginn der Hausväterzeit werden Mistbeete beschrieben, in denen der Hausvater »rare, ausländische und empfindliche Gemüsesorten« heranzieht. Auch in heutigen Bauerngärten sieht man oft Mistbeete und Gewächshäuser, bisweilen in abenteuerlichen Konstruktionen aus ausrangierten Fenstern, häufig auch mit moderner, wohlfeiler Kunststoffhaut. Im Gewächshaus ist manchmal auch der Chef höchstpersönlich zugange, während sonst die Chefin im Gemüsegarten das Sagen hat. Der Flaschenkürbis ist längst aus den Bauerngärten verschwunden, ebenfalls die Melone, heute Massenvolksnahrungsmittel in südlichen Ländern. Die heutigen Gartenkürbisse *(Cucurbita maxima* und *C. pepo)* stammen aus Nordamerika. Die Gurke *(Cucumis sativus)* in ihren vielfältigen Sorten – zum Frischverzehr als Salat oder zum sauren Einlegen mit Gewürzen – gehört in der bäuerlichen Küche und im Garten zu den beliebtesten Gemüsen überhaupt. Wie die anderen Fruchtgemüse ist auch sie eine Starkzehrerin und im Bauerngarten am richtigen Platz.
Sehr spät, nämlich erst nach dem 1. Weltkrieg haben sich die Tomaten *(Solanum lycopersicum)* in Deutschland durchgesetzt, obwohl sie bald nach der Entdeckung Amerikas in Europa auftauchten. Jahrhundertelang wurden sie unter dem Namen »Liebesäpfel« als angeblich giftige Zierpflanze angebaut. Heute dürfte

Charakteristisch für den Bauerngarten, wo es ums Rationelle geht: Mistbeet aus ausrangierten Fenstern. Rechts Meerrettich, im Hintergrund abgeteilter Hühnergarten.

sie eine der ganz wenigen Gemüsepflanzen sein, die weltweite Bedeutung hat. Auch fast in jedem mitteleuropäischen Bauerngarten ist sie zu finden. In kälteren Gegenden setzt man sie an die warme Hauswand, eventuell in Kübeln oder in einer Art Hochbeet.

Im Gewächshaus werden neben den anspruchsvollen Fleischtomaten und Schlangengurken heute oft auch Paprika und Auberginen gezogen. Experimentierfreudige Bäuerinnen nehmen Neuheiten oft sehr schnell in ihr Programm auf. Ich selbst habe die erste leibhaftige Zucchini-Pflanze nicht in Italien sondern in einem oberfränkischen Bauerngarten gesehen, mit Blättern wie Regenschirme. Die Bäuerin wußte zwar noch nicht, wie sie die gewaltigen Früchte verwenden sollte, aber sie habe die tolle Pflanze mit den gesprenkelten Blättern einfach haben müssen, sagte sie.

Bilanz

Mit wenigen Gemüsearten wurde im Mittelalter begonnen, wenn man das Capitulare Karls des Großen als eine Art Wahrzeichen oder Wegemarke betrachtet. Schritt für Schritt oder auch mit kräftigem Sprung ging es voran, so daß sich im Bauerngarten ein erkleckliches Kapital an Gemüsearten, -sorten und -variationen angesammelt hat. Ähnliches werden wir bei den Blumen feststellen. Ganz anders bei den Heil- und Gewürzpflanzen! Hier ging der Weg von großer Vielfalt zu dürftiger Einfalt, will sagen zur Pfeffer-Salz-Petersilien-Schnittlauch-Küche. Erst die letzten Jahrzehnte mit ihrem Trend zur Vollwertkost und zur natürlichen Küche sowie das Wiederaufleben der Pflanzenheilkunde brachten eine größere Nachfrage nach Kräutern und prompt haben die Bäuerinnen mitgezogen: Aber die wirklich ganz große Vielfalt ist dahin, womöglich für immer.

Kräuter einst und jetzt

Kräuter in heutigen Bauerngärten
Es sind nicht viele, die wirklich in »jedem« Bauerngarten stehen. Beispielsweise in Norddeutschland wurden und werden ausgesprochen wenig Kräuter angebaut. Selbst die zum Schlachten benötigten Gewürzkräuter, so wurde mir erzählt, wurden seit Menschengedenken eingeführt. Aber vor allem im 19. Jahrhundert hat es, zeitgenössischen Aussagen zufolge, auch in Süddeutschland in den Bauerngärten außer Petersilie und Schnittlauch so gut wie keine Kräuter gegeben. In Norddeutschland ist für die meisten Kräuter die Luft zu feucht, und die Sommer sind zu kühl und regnerisch. Viele Kräuter stammen aus südlichen Ländern und brauchen Hitze, Trockenheit und viel Sonne.
So bleiben am Ende Schnittlauch, Petersilie, Zwiebeln und Sellerie (als Blattgewürze), die es wirklich überall gibt, sowie meistens auch noch den

Oft sind die Bauerngärten sehr klein. Jeder Fußbreit muß genutzt werden. Selbst außerhalb werden noch Dahlien und Meerrettich gepflanzt.

Dill. Häufig finden sich auch Bohnenkraut und Boretsch, die sich unproblematisch selbst aussamen. Meistens steht irgendwo im Garten ein Liebstöckel sowie oft auch ein Estragon und eine Zitronenmelisse, außerdem die Pfefferminze. Auch Majoran, Kerbel und Basilikum, alle drei einjährige Gewürze, sind gebietsweise nicht selten. In wärmeren Gegenden gibt es stellenweise auch den Thymian und den Salbei, wobei letzterer eine lange Tradition hat: im Mittelalter wurde er zum Zähneputzen verwendet. Fast nur noch bei Gartenbauausstellungen taucht der Muskateller-Salbei *(Salvia sclarea)* auf, der zum Würzen von fadem Wein verwendet wurde, als der Wein noch ein Volksgetränk war.

Nicht selten ist der Beifuß zu finden, der zum Würzen fetter Braten gebraucht wird, häufiger wird er jedoch in der Ruderalflora gesammelt. Gebietsweise, z. B. in Mittelfranken, ist der Meerrettich oder Kren in der Küche obligatorisch und deshalb auch in den Gärten nicht selten. Da und dort gibt es den Beinwell *(Symphytum officinalis),* und einzelne Bäuerinnen bereiten aus seiner Wurzel mit Schmalz eine heilende Salbe für Mensch und Vieh zu.

Dann wird es schon enger: Gartenraute *(Ruta graveolens)* und Eberraute *(Artemisia abrotanum)* sind recht selten. Botanisch haben die beiden Rauten nichts miteinander zu tun: die Garten- oder Weinraute gehört zur selben Familie wie die Zitrusbäume *(Rutaceae),* dagegen ist die Eberraute mit Wermut, Beifuß und Estragon verwandt (Fam. Korbblütler = *Compositae*).

Von den drei im Capitulare aufgeführten Kümmelarten sind Feld- oder Wiesenkümmel *(Carum carvi)* und Kreuzkümmel *(Cuminum cymium)* schon lange keine Gartenpflanzen mehr. Kümmelgewürz wird stets gekauft. Der Schwarzkümmel *(Nigella sativa)* ist mit der »Braut im Grünen« verwandt, die als Zierpflanze verwendet wird.

Engelwurz *(Angelica archangelica),* Meisterwurz *(Peucedanum ostruthium)* und Kalmus *(Acorus calamus),* die ebenfalls (nach Titze) Bauerngartenpflanzen sind, habe ich selbst so gut wie nicht mehr gesehen. Und das war's schon, bis auf eine Schlußbemerkung: Nicht einmal besonders selten und im Zunehmen begriffen ist in den Gärten der Kleine Wiesenknopf *(Sanguisorba minor)* unter dem Namen »Pimpinelle« oder »Bibernelle« zu finden. Er verdankt seinen unverhofften Aufstieg einem Mißverständnis. Es gibt zwei altbewährte Heilpflanzen dieses Namens, nämlich die Große und die Kleine Pimpi- oder Bibernelle *(Pimpinella major* und *P. saxifraga),* aus der Familie der Doldenblütler. Ihre Wurzeln können gegen Halsweh und Asthma eingesetzt werden. Frech hat sich nun der Kleine Wiesenknopf (Fam. Rosengewächse), mitschwimmend im Trend des Heilkräuterbooms der letzten 30 Jahre, den Namen Pimpinelle angemaßt, einzig und allein deshalb, weil er fast genau die gleichen Blätter hat wie seine echten Vorbilder. Er wird als angeblich unglaublich vitaminreiches Gewürz verwendet, obwohl er nach so gut wie nichts schmeckt und nicht mehr Vitamine hat als anderes Grünzeug auch. Allerdings besitzt er ein bemerkenswertes Plus: selbst bei Frost und Schnee kann man von ihm frisches Grün für Salatkräuter schneiden. Wir wohnen also offenbar der Etablierung einer neuen Gewürzpflanze bei, ein bemerkenswertes Phänomen!

Historische Minze- und Rosensorten

Bedeutung der Kräuter in historischer Sicht

Welch ein Repertoire an Heil-, Gewürz- und Duftkräutern weist dagegen das Capitulare Karls des Großen (S. 94) auf, über 30 Arten! Daran ist zu erkennen, daß Kräuter in früheren Zeiten eine andere Bedeutung und Wertigkeit hatten, besonders für die Gesundheit. Sicher spielten die Heilkräuter im Mittelalter eine, man darf sagen, lebenswichtige Rolle als Verdauungshilfen. Die ungemein schwer verdaulichen Speisen der mittelalterlichen Küche dürften ohne Kräuter so gut wie unbekömmlich gewesen sein. Zweitens galt es im Mittelalter als wissenschaftlich erwiesen, daß Krankheiten durch »vergifftigte, pestillenzische lufft« übertragen würden, so daß es logisch schien, Krankheiten durch Düfte, vor allem auch in Form des Räucherns, auszutreiben. Inhalations- und Aromatherapie sind moderne Anwendungen aus diesen medizinischen Traditionen. Nachdem nachgewiesenermaßen aromatische Inhaltsstoffe der Arznei- und Gewürzpflanzen das Immunsystem stärken, lohnt es sich, in Stadt und Land wieder mehr Kräuter in den Garten zu bringen.

Minzearten und Riechkräuter

Im Mittelalter war man geneigt, würzig durftende Pflanzen mit einfachen Blättern »Minze« zu nennen, auch wenn sie botanisch nicht miteinander verwandt waren. In diesem Sinne

sind im Capitulare sechs Minzen aufgezählt. Nur vier gehören zur Gattung *Mentha* (= Minze), und die Katzenminze *(Nepeta cataria),* die heute bisweilen als Zierpflanze verwendet wird, ist immerhin ein Lippenblütler. Aber außerdem gibt es noch eine Minze, die der Gattung *Chrysanthemum* angehört, nämlich die melissenähnlich duftende Frauenminze *(Chrysanthemum balsamita* syn. *Balsamita major).* Sie ist demnach mit dem Mutterkraut *(Chrysanthemum parthenium)* verwandt. Um letzteres braucht man sich keine Sorgen zu machen, denn es sät sich unproblematisch und überreichlich selbst aus. Die Frauenminze jedoch habe ich trotz eifrigen Suchens in keinem Bauerngarten mehr gefunden, Jammerschade! Von ihrer Funktion her gehört sie zur Gruppe der Riechkräuter, aus denen früher die Bäuerinnen ein gepreßtes Sträußchen im Gebet- oder Gesangbuch in der Kirche dabei hatten. Auch Weinraute oder Basilikum wurden dazu verwendet. Das Riechsträußchen sollte mit seinem kräftigen Aroma die Bäuerin wachhalten, die ja vor dem Kirchgang schon ein Arbeitspensum hinter sich hatte, das mancher Städter den ganzen Tag nicht zuwege bringt. Heute übernimmt die Funktion des Wachhaltens der wohlfeile Frühstückskaffee. Die speziellen Riechkräuter sind, weil nicht mehr benötigt, aus den Bauerngärten so gut wie verschwunden. Den Bauernhofmuseen wächst hier die ungemein wichtige Aufgabe zu, den Pflanzenbestand, der andernfalls aussterben würde, zu bewahren. Auch jene Pflanzen, die gegen das für uns heute unvorstellbar widerwärtige Heer von Schmarotzern eingesetzt wurden, gibt es, weil sie nicht mehr gebraucht werden, nicht mehr. Zu nennen wäre vor allem die Poleiminze, in derem wissenschaftlichem Namen *Mentha pulegium* der Floh (= Pulex) enthalten ist. Gegen Wurmkrankheiten bei Mensch und Vieh wurde unter anderem der Rainfarn *(Chrysanthemum vulgare)* eingesetzt, der bis heute in manchen Regionen »Wurmkraut« heißt. Die Gartenform dieser an sich wildwachsenden Pflanze hat krause, fein zerteilte Blätter und riecht kräftiger aber angenehmer als die überall auf trockenem Ödland vorkommende Wildform.
Auch gegen Motten wurden Sträußchen stark riechender Kräuter in den Schrank gehängt, z. B. der Lavendel, oft auch bis heute der gelbblühende Echte Steinklee *(Melilotus officinalis),* dessen Cumarin- (= Waldmeister)duft die Insekten gar nicht vertragen.
Im Öko-Gartenbau greift man wieder gerne auf diese altbewährten Mittel in Form von Jauchen und Brühen zurück oder man mulcht mit diesen Pflanzen. Im Bauerngarten werden die Duft-, Gewürz- und Heilpflanzen in Form einer Mischkultur ins Gemüseland und an die Ränder der Beete gesetzt. Dadurch entsteht ein Pflanzenmosaik von großem ökologischen Wert.

Kräuter im Brauchtum
Auch wenn heute nicht so viele Kräuter gepflanzt werden wie im Mittelalter und zu Beginn der Neuzeit, so haben doch viele Bäuerinnen ein umfangreiches, allerdings oft nur ungefähres Wissen über Kräuter und ihre Wirkungen, und das Interesse, Neues zu erfahren, ist enorm. Das kommt unter anderem daher, daß viele Pflanzen im Brauchtum eine Rolle spielen und ihre Bedeutung dadurch wachgehalten wird.
Von den »Palmbuschen« mit Buchs und Palm(= Weiden)kätzchen war schon die Rede, auch Myrte und Rosmarin für Kommunion, Konfirmation und Hochzeit. Blumenschmuck ist besonders im katholischen Brauchtum zur Fronleichnamsprozession gebräuchlich, wobei in manchen Dörfern geradezu bunte Teppiche aus Blumen für den Umzug mit dem Allerheiligsten komponiert werden. Vor allem die abgezupften Blumenblätter der Pfingstrose haben hier eine lange Tradition. Früchte aus Feld und Garten haben am Erntedanksonntag in der Kirche ihren großen Auftritt, und diese Arrangements werden immer prächtiger. Zu den alten Festen kommen neue: häufig werden inzwischen die Brunnen zu Ostern mit Girlanden und bunten Eiern geschmückt, auch da, wo das früher nie üblich war, denn dieser Brauch ist in den wasserarmen Gegenden des Jura erfunden worden und hat eben dort seinen Sinn. In manchen Gegenden wird inzwischen bei Hochzeiten sogar mit Reis geworfen wie in Ostasien. Man wird sich neben aller Freude am lebendigen Brauchtum auch fragen müssen, wieviel noch Sinn und wieviel nur Show ist in manchen dieser hektischen Aktivitäten mit Riesenrummel und autoverstopften Straßen, wenn ein Dorf in dem Ruf steht, etwas besonders Tolles zu bieten.
Eher leise, aber dennoch mit viel Liebe und frommem Eifer werden für das Fest Mariae Himmelfahrt (15. August) in katholischen Gegenden Kräuter aus Garten und Feld gesammelt, zu Sträußen, den sogenannten »Wurzbuschen«, gebunden und in der Kirche geweiht. Von Region zu Region unterschiedlich gibt es mehr oder weniger strenge Regeln, was und wieviel so ein Kräuterstrauß zu enthalten hat. In manchen Gegenden muß von jeder Getreideart etwas genommen und mit den entsprechen-

Gartensalbei, früher Zahnputzmittel, heute hochgeschätzte Gewürz- und Heilpflanze.

den Kräutern gebunden werden. In der Gegend um Bad Tölz werden die Kräuter um einen Rohrkolben drapiert, in der Jachenau bei Lengries um eine Königskerze und in der Oberpfalz um eine Sonnenblume. Symbolisch hochbedeutsame Zahlen spielen eine Rolle, vor allem oft die 7 oder die 9, in der Form, daß in kräuterarmen Gegenden 7 Pflanzen enthalten sein müssen, in kräuterreichen Gegenden 7mal 7 oder 77 oder sogar 99. Wer die Kräuterfrauen und die Mädchen mit ihren Sträußen oder Gestecken fromm zur Kirche strömen sieht, ahnt, daß hier noch eine Kraft und Weisheit lebendig ist, die über Jahrhunderte hinweg das Wissen um die heilenden Kräuter in der weiblichen Linie von einer Generation auf die andere vererbt hat. Rührendes Beispiel für Emanzipation auf dem Lande: auch kleine Buben und vereinzelt sogar Männer (früher undenkbar!) tragen heute ihren Wurzbuschen zur Kirche.

Die Kräutersträuße werden dann meistens getrocknet und teilweise auch heute noch in einer der »Rauhnächte« zwischen Weihnachten und Neujahr verbrannt, und in Stall und Haus wird mit ihrem »reinigenden« Rauch geräuchert. Nachdem der Wurzbuschen stets einige blutstillende Kräuter enthält, wie etwa die Schafgarbe, wird er oft auch ans kalbende oder kranke Vieh verfüttert. Womöglich ist gerade dies eine der eigentlichen so gut wie vergessenen Wurzeln der Kräuterweihe.

Ehrwürdiges, erhaltenswertes Brauchtum: Kräuterweihe zu Mariä Himmelfahrt. Die Mädchen üben von kleinauf das Wissen um die Heilkraft von Garten- und Wildkräutern.

Blumenzauber im Wandel der Zeiten

Rosen

Den Königinnen gebührt der Vortritt. Offenbar begleitet die Rose die Menschen seitdem Gartenbau betrieben wird: auf einer Silbermünze aus dem Altaigebirge, die 6000 Jahre alt sein soll, ist bereits eine Rose abgebildet. Außerdem ist die Rose die erste im Capitulare genannte Pflanze.
Bei dieser dürfte es sich um die Essig- oder Apothekerrose *(Rosa gallica)* gehandelt haben. Solange Rosen gezüchtet werden, geht das Bestreben dahin, möglichst gefüllte Blüten zu erhalten. So galt in den Gärten des griechischen Königs Midas die sechzigblättrige und bei den Römern die »Hundertblättrige« Rose als Sensation. Damit sind wir schon bei der Bauernrose namens Zentifolie *(Rosa centifolia)*, denn übersetzt heißt das »hundertblättrig«. Wegen ihrer Robustheit, Frosthärte und langen Lebensdauer findet man an den Gartenzäunen oder neben dem Hauseingang hier und da uralte Exemplare. Hoffentlich verschwinden sie nicht über kurz oder lang, und hoffentlich werden sie dann nicht durch »modernere« Sorten ersetzt. Anzumerken wäre noch, daß in der bäuerlichen Volksmedizin Rosenblütenblätter in vielen Arzneimischungen enthalten waren, und bis heute zählt die Hagebutte zu den Heilpflanzen.
Auch viele Sorten von Beetrosen gibt es inzwischen im Bauerngarten, mei-

Die Zentifolie, übersetzt »Hundertblättrige«, gehört zu den ältesten gefüllten Rosensorten. Früher auch als Heilpflanze, vor allem aber für den Altarschmuck verwendet.

Die Feuerlilie, eine Liliensorte nach dem Geschmack der Bäuerin: prächtig, wüchsig, robust.

stens in einer kleinen Gruppe gepflanzt, vor allem, um einen Strauß »zum Gratulieren« schneiden zu können. In Bayern, wo man das Prächtige liebt, stehen bei den Rosen, um noch einen weiteren Glanzeffekt aufzusetzen, häufig große, auf Stäbe aufgesteckte, bunte Glaskugeln, über deren Sinn und Zweck Nichtbayern die abenteuerlichsten Vermutungen anstellen. Inzwischen sind sie im Modetrend der Folklore in den Gärten der BRD weit herumgekommen. Kletterrosen verschiedener Sorten sind noch bei den berankten Bögen am Garteneingang zu finden. Rosen machen im Bauerngarten meistens einen beneidenswert gesunden Eindruck. Tiefgründig lehmiger, humusreicher Boden und abgelagerter Stallmist, dazu Sonne vom frühen Morgen an, so sieht das Schlaraffenland der Blumenköniginnen aus.

Lilien

Die Lilie wird im Capitulare gleich nach der Rose genannt. Beide waren vor allem für den Altarschmuck gedacht. Gerade die Kombination von Rose und Lilie wirkt nicht nur auf die Sinne, sondern vor allem auf die Seele. Man muß es eigentlich niemandem sagen, denn jeder sieht es selbst: die Rose steht für Schönheit und Anmut und die stolze, schneeweiße, ein wenig starre Lilie für Reinheit und Unberührbarkeit. So waren beide Pflanzen im Mittelalter, gerade in ihrer Kombination, ein Symbol für Maria, die Himmelsmutter. Die ursprünglich am häufigsten angepflanzte Lilie heißt deshalb auch Madonnenlilie *(Lilium candidum).* Sie stammt aus Vorderasien. Walahfried Strabo rühmt ihre blendendweiße Farbe und ihren Duft. Daß einer Pflanze mit derart magischer Wirkung auch Heilkräfte zugeschrieben wurden, liegt eigentlich auf der Hand, denn Magie und Heilkunde haben, übrigens gemeinsam mit der Religion, dieselben Wurzeln. Zubereitungen aus der Lilie wurden gegen Brandwunden, Gicht, Frauenleiden, schwere Geburten, Krämpfe, Geschwülste, Leberentzündung und Schmerzen aller Art verwendet. Nach und nach sind noch andere Lilienarten und -sorten in die Bauerngärten gekommen. Wahrscheinlich schon um 1500 kam, wohl aus dem östlichen Mittelmeerraum, die Taglilie *(Hemerocallis vulva)* mit ihren braunorangen Blüten in die Gärten, bald

auch die Feuerlilie *(Lilium bulbiferum)*, die durch Brutknöllchen vermehrt werden kann. Neue Lilienarten kamen in der zweiten Hälfte des letzten Jahrhunderts aus Ostasien. Sie wurden schnell auch in die Bauerngärten aufgenommen, denn wegen ihren auffälligen Blüten waren sie so recht nach dem Herzen der Bäuerinnen. Die Rede ist von der bis zu eineinhalb Meter hohen Königslilie *(Lilium regale)*, weiß mit gelber Mitte, und der gefleckten Tigerlilie *(Lilium tigrum)*.
Vom Nährstoffgehalt des Bodens her betrachtet, mit allem Drum und Dran, sind diese majestätischen Blumen jedoch höchst anspruchsvolle Kundinnen: der Boden soll kühl, durchlässig und feucht sein, aber nicht naß, er soll nicht nackt, sondern von bescheidenen Pflanzen beschattet sein, dazu brauchen sie viel Sonne, aber nicht um die Mittagszeit, alle fünf Jahre möchten sie umgepflanzt werden und was dergleichen mehr Sonderwünsche sind.
Bleiben wir kurz noch bei der Gattung Lilium. Unser einheimischer Türkenbund *(Lilium martagon)*, inzwischen unter Naturschutz stehend, wurde früher gebietsweise in der bäuerlichen Volksmedizin verwendet. Seine Wurzel, auf einen Faden gezogen und umgehängt, sollte Kleinkinder bei schmerzhaftem Zahnen als sogenannte »Beißwurzel« helfen, weshalb er in manchen Gegenden in den »Wurzbuschen« (S. 111) aufgenommen wurde.

Die Schwertlilie (*Iris* sp.), die kein Lilien- sondern ein Irisgewächs ist, kam bereits während des Mittelalters als Symbol-, Heil- und Zierpflanze in die Gärten. Auch die Irisknolle wurde als »Zahnwurzel« verwendet und ihr schleimiger Saft zum Stärken und Glänzendmachen von Leinengewebe benützt. Vor allem die zahlreichen Sorten von *Iris germanica*, deren Gartenformen auch Bartiris heißen, sind häufige Blumengäste im Bauerngarten.

Kaiserkrone, Narzisse, Hyazinthe und Tulpe

Sie werden hier gemeinsam in einer Überschrift genannt, weil sie botanisch zur selben Familie, nämlich den Liliengewächsen, gehören, und weil sie sich durch stolzen Wuchs sowie durch große, farbenfrohe Blüten auszeichnen. Diese Blumen traten, aus dem Mittelmeergebiet kommend, geradezu einen Siegeszug durch die Gärten an. Auch an diesem Punkt der Gartengeschichte zeigt es sich, daß damals wie heute der Trend in den Bauerngärten in Richtung großer, bunter und möglichst gefüllter Blüten geht. Der Bauerngarten orientiert sich nicht am Naturnahen, Landschaftsgebundenen, Althergebrachten und Einfachen, auch wenn das immer wieder behauptet wird, und wenn der Bauerngarten immer wieder in diese Richtung gedrängt wird. Ich wage zu behaupten: wenn eine farbenfrohe und einigermaßen robuste Blumenneuheit heute von irgend-

Der blühende Gemüsegarten

woher aus der weiten Welt bei uns eingeführt wird, und wenn sie morgen im Gartenkatalog erscheint, dann steht sie in Jahresfrist in einem Bauerngarten und ist in hundert Jahren womöglich eine gute alte Bauerngartenpflanze. Ich tippe in diesem Sinne – meine Kollegen im Geiste der Ökologie, des Stils und der Bewahrung mögen mir verzeihen – beispielsweise auf die Fackellilie *(Kniphofia*-Hybriden), die da und dort bereits, feurig leuchtend, frech neben Bartnelken und Löwenmaul steht. Ähnlich »unpassend« müssen wohl die ersten Tulpen in den Bauerngärten ausgesehen haben, nachdem der österreichische Gesandte Busbeq zu Ende des 16. Jahrhunderts die ersten Zwiebeln aus türkischen Haremsgärten mitgebracht hatte, die dann via Niederlande gleich einem ansteckenden Bazillus als »Tulpenfieber« und »Tulpenrausch« über die mitteleuropäischen Gärten hereinbrachen. Heute gehören sie nicht nur in die städtischen Gärten sondern auch in die Bauerngärten. Wer wollte daran noch rütteln? Einige Jahrzehnte früher als die Tulpe war die Kaiserkrone, wahrscheinlich aus Persien, in die mitteleuropäischen Gärten gekommen. Die Bäuerinnen pflanzen sie nicht nur deshalb gerne, weil ihre rotorangen Blüten die fast allerersten Frühlingsgrüße entbieten, sondern weil ihre stinkende Zwiebel in dem Ruf steht, die Wühlmäuse aus dem Beet zu vertreiben. Zu ergänzen wäre noch, daß auch die Narzissen in ihren weißen und gelben Sorten *(Narcissus poeticus* und *N. pseudonarcissus)* sowie die bunten und stark duftenden Hyazinthen schon im zeitigsten Frühling den sonst noch kahlen Bauerngarten verzieren.

Frühling: Noch beherrschen die Blumen den Aspekt, bald gehört der Garten den Gemüsen.

Noch mehr Große und Prächtige
Schon im späten Mittelalter ist die Stockrose oder Stockmalve *(Alcea rosea)* auf Tafelbildern abgebildet und ist seither in ihrem Farbenspiel mit allen Rosa- und Rottönen bis fast schwarz, dazu noch in Gelb und Orange aus dem Bauerngarten nicht wegzudenken. Verwandt mit der Stockmalve ist der Echte Eibisch *(Althaea officinalis),* auch Heilwurz genannt. Dahlien oder Georginen, aus Mittelamerika stammend, sind Blumen so recht nach dem Herzen der Bäuerinnen. 1784 kam die erste Dahlie nach Europa, 1850 soll es bereits 1500 Sorten gegeben haben, und 1864 schreibt der österreichische Heimatforscher Unger über das neumodische Gewächs: »Sie hat sich auch in die kleinsten Gärten des Landvolkes eingeschlichen.« Ebenfalls aus Amerika herübergekommen und sich derzeit langsam etablierend ist die Indianernessel (*Monarda*-Hybriden), eine empfehlenswerte Bienenpflanze.
Klammheimlich aus Südostasien eingeschlichen und inzwischen fest eingebürgert haben sich auch das Drüsige Springkraut *(Impatiens glandulifera)* und die Herkulesstaude *(Heracleum mantegazzianum)* und, wo man sie gewähren läßt, schießen sie im Garten geradezu wie Unkraut massenhaft und riesenhaft auf. Fast ebenso eroberungslustig benehmen sich die Kanadische Goldrute *(Solidago canadensis)* und die Topinambur *(Helianthus tuberosus).* Alle vier

Zu den Bauerngartenblumen schlechthin gehört die Stockrose in ihren verschiedenen Sorten.

sind längst aus den Gärten entkommen und sind dabei, sich in unserer Wildflora auszubreiten nach dem Motto: Die Geister, die ich rief, ich werd' sie nicht mehr los! Nahe verwandt mit dem Drüsigen Springkraut ist die Gartenbalsamine *(Impatiens balsamina),* eine jener Pflanzen, die sich wegen ihrer Blühfreudigkeit den Ehrennamen »Fleißiges Lieschen« erwerben konnten.
Rittersporn *(Delphinium),* Eisenhut *(Aconitum)* und Fingerhut *(Digitalis)* seien gemeinsam genannt, weil sie mit hohen, schmalen Blütenrispen wachsen. Fest eingebürgert sind auch Sonnenblume *(Helianthus),* Sonnenauge *(Heliopsis)* und Son-

nenbraut *(Helenium),* allesamt robuste Korbblütler und, außer der Sonnenblume, ausdauernde Stauden.
Als Gegensatz zu diesen sonnenliebenden Stauden sei die Funkie *(Hosta sieboldiana)* genannt, die auch an etwas schattigeren Stellen zurechtkommt.
Im Spätsommer und Herbst, bis zu den ersten Frösten, blühen die Neubelgische und Neuenglische Aster *(Aster novibelgii* und *A. novae-angliae),* beide Amerikanerinnen und nicht zu verwechseln mit der einjährigen Sommeraster *(Callistephus chinensis),* einer Ostasiatin, die es ebenfalls im Bauerngarten in allen Farben und Sorten gibt. Auch die Chrysantheme *(Chrysanthemum indicum)* stammt aus Ostasien und ist vor allem aus den dörflichen Friedhöfen nicht mehr wegzudenken.

Zu den typischen Bauerngartenblumen zählen die Pfingstrose *(Paeonia officinalis* und *P. albiflora)* sowie das Tränende Herz *(Dicentra spectabilis),* wobei letzteres erst um 1850 aus Ostasien zunächst als Fensterschmuck nach Mitteleuropa kam, sich aber sehr schnell in Bürger- und Bauerngärten eingewöhnte. Sehr viel häufiger als in früheren Jahren, so will mir scheinen, sind jetzt Lupinen in den Bauerngärten zu finden. In sommerkühlen Regionen mit kalkarmen Böden ist auch der Waldgeißbart *(Aruncus dioicus)* nicht selten, dagegen in wärmeren Gegenden die blaublühende Kugeldistel *(Echinops ritro).*
Früher häufiger als jetzt waren die beiden einjährigen Fuchsschwanzarten, nämlich *Amaranthus paniculatus* mit aufrechten und *A. caudatus* mit

Dahlien, auch Georgien genannt, sind aus den Bauerngärten nicht mehr wegzudenken. Kaum eine andere Blume bringt so freudig Varianten aller Farben, Größen und Formen hervor.

Seit altersher ist die Pfingstrose oder Päonie in den Bauerngärten daheim. Im Brauchtum und in der Volksmedizin war sie früher unverzichtbar.

hängenden purpurroten Blütenständen. Drei größere Blumen seien noch zum Schluß dieses Kapitels genannt, der Orientalische Mohn *(Papaver orientalis)* der Staudenphlox und die Große Margerite *(Chrysanthemum maximum)*, letztere oft strotzend von schwarzen Blattläusen, sich jedoch nicht unterkriegen lassend.
Ganz zum Schluß ein Phänomen: das einzige Gras im traditionellen Bauerngarten ist das Bandgras *(Phalaris picta)*, bezeichnenderweise weiß-bunt gestreift.

Die Kleinen und Bescheidenen
Beginnen wir mit einer Krankheit, die im 18. Jahrhundert ausgebrochen ist und bis weit ins 19. Jahrhundert hineinreichte. Die Rede ist vom »Nelkenfieber«. Nicht wegzudenken sind aus dem Bauerngarten die zweijährige Bartnelke *(Dianthus barbatus)* und die Chalcedonische Nelke *(Lychnis fulgens)*, eine der wenigen Gartenpflanzen, die aus Sibirien stammen. Auch viele Arten und Sorten robuster Garten-, Beet- und Polsternelken, sowie die sich selbst aussäende Vexiernelke *(Lychnis coronaria)* sind inzwischen völlig heimisch. Nur wegen ihres Namens, aber nicht botanisch betrachtet, sei gleich die polsterbildende, kalkfreie Böden liebende Grasnelke *(Armeria maritima)* genannt. Eine Reihe von niedrigen und

halbhohen Stauden wurde schon bei den Wegeinfassungen (S. 77) erwähnt. Dazu kommen noch Primeln, Aurikeln und Blaukissen *(Aubrieta)*. Unter Sträuchern wachsen manchmal Christrose und Grüne Nieswurz *(Helleborus niger* und *H. viride)*, letztere früher auch als Heilkraut verwendet, sowie bisweilen Pflanzen aus der Wildflora, etwa Leberblümchen *(Hepatica)*, Aronstab *(Arum)*, Lerchensporn (*Corydalis;* außer der Wildform auch die gelbblühende Gartenform), Maiglöckchen, Salomonssiegel *(Polygonatum)* und das Wohlriechende Veilchen. Immergrün *(Vinca)* und Goldnessel *(Lamium)* finden als Bodendecker Verwendung. Einige kleine Zwiebelpflanzen wären noch zu nennen:
Schneeglöckchen, Krokus, Märzenbecher, Traubenhyazinthe und Blaustern. An sonnigen, trockenen Stellen sind einige Stauden des Steingartenbereichs zu finden, beispielsweise Gemswurz *(Doronicum grandiflorum)*, verschiedene Hauswurzarten, Mauerpfeffer, Polsterphlox, Hornkraut, Schleierkraut sowie auch die Wildform oder Gartensorten der Akelei. Wären noch zu ergänzen die Astilben, verschiedene Arten von Flokkenblumen *(Centaurea)*, gefülltblühende Hahnenfußarten, vielleicht in einer Gartenecke oder an der Scheune Gilbweiderich *(Lysimachia punctata)*, im Halbschatten die Gartenform der Nelkenwurz (*Geum* sp.) oder die Himmelsleiter *(Polemonium caerulea)*, und in wärmeren Gegenden die aus dem Mittelmeergebiet stammende Spornblume *(Centranthus ruber)*, ein Baldriangewächs.

Einjährige und Blumen für Trockensträuße

Neben den bereits genannten Einjährigen seien noch die so gut wie stets vorhandenen Ringelblumen, Kapuzinerkresse und Löwenmaul ergänzt. Oft läßt man am Drahtzaun die Wohlriechende Wicke klettern, und auch Zinnie, Schmuckkörbchen *(Cosmea)*, Gretel in der Heck *(Nigella damascena)* und Bechermalve *(Lavatera trimestris)* sind oft vorhanden. Seltener gibt es Levcoje, Goldlack *(Cheiranthus)* und Schleifenblume (*Iberis* sp.).
Bäuerinnen binden sich zum Herbst gern einen Trockenblumenstrauß, und Kurse der Volkshochschulen und Gartenbauvereine zur Anfertigung von Trockengestecken sind auf den Dörfern so gut wie stets ausgebucht. Gartensilberblatt *(Lunaria perennis)*, ein lilablühender Kreuzblütler, Strohblumen, Statice (*Limonium* sp.), Schleierkraut *(Gypsophila)*, getrocknete Röschen, die getrocknete gelbblühende Schafgarbe *(Achillea)*, getrocknete Lampionblumen, die Samenkapseln von Mohn oder Gretel in der Heck werden dafür verwendet und auch eigens deswegen gepflanzt. Aufgrund der Freude an Trokkensträußen tauchen da und dort in den Bauerngärten Gräser mit schönen Fruchtständen auf. Vielleicht kommt sogar wieder der uralte Dip-

Fuchsschwanz, wahrscheinlich aus dem tropischen Amerika stammend, gehört wegen seiner Anspruchslosigkeit und Wüchsigkeit zu den besonders beliebten Einjährigen im Bauerngarten.

tam *(Dictamnus albus)*, eine Bitterstoffpflanze, in die Gärten, dessen herrliche Fruchtstände jedem Trokkenstrauß zur Zierde gereichen. Anzumerken wäre noch, daß meine Informationen über den Blumenbestand der Bauerngärten neben eigenen Beobachtungen aus Veröffentlichungen von Peter Titze, Christiane Widmayr und Werner Dittrich stammen (siehe Literaturverzeichnis).

Volkstümliche Blumennamen

Sie sind bildkräftig, herzerfrischend köstlich oder auch drastisch, teilweise aber auch kaum deutbar. So habe ich beispielsweise trotz eingehender Befragungen nicht herausbekommen, warum in Oberfranken die Löwenzähne »Baabln« heißen und von welchem Wortstamm das abgeleitet sein soll. Leichter verständlich sind die Namen »Bettsaicher« und »Brunzbluma« für den Löwenzahn, weil in diesen an Deutlichkeit nichts zu wünschen übriglassenden Bezeichnungen die entwässernde Wirkung der Heilpflanze enthalten ist. Aber gehen wir zu den Gartenpflanzen und ihren Namen, wobei mir, weil in Bayern wohnend, die süddeutschen Namen näher liegen. Nachdem Nelken fränkisch »Nägala« heißen, gibt es »Studentennägala« für die Bartnelke und »Totennägala« für die Pfingstnelke. In Altbayern sind Nelken »Nagerl«, wobei man aber keine genauen botanischen Maßstäbe anlegen darf, denn beispielsweise ist das »Schusternagerl« keine Nelke sondern der Frühlingsenzian. Die hochrote Chalcedonische Nelke heißt »Brennende Liebe« und das Stiefmütterchen »Tag-und-Nachtschatten«. Die Ringelblume wird auch »Totenblume« oder »Weckbrösala« genannt, letzteres vielleicht wegen ihrer gebogenen Samen, die einem abgerissenen Stück einer runden Semmel (= Weck) ähnlich sehen. Die Königskerze hat auch die schönen Namen »Himmelbrand« oder »Wetterkerze«. »Josephsstift« sind weiße Narzissen und »Gotthoff«

oder »Stabwurz« ist die Eberraute. »Goldknöpferl« sind die gefüllten Ranunculusarten und »Hemdknöpferl« die Blüten der gefüllten Bertramsgarbe *(Achillea ptarmica)*. Die *Nigella damascena* hat mindestens drei bildhafte Namen: »Gretel in der Heck«, »Braut in Haaren« und »Jungfer im Grünen«, wobei noch sämtliche möglichen Kombinationen der Jungfer, der Braut oder der Gretel mit den Haaren, dem Grünen oder der Heck und zusätzlich noch dem Busch im Gebrauch sind. Das Silberblatt heißt auch »Judassilberling« oder »Judenpfennig«.
Daß auch relativ neue Pflanzen sehr schnell ihren Spitznamen bekommen, zeigt sich am Drüsigen Springkraut: In Österreich nennt man es wegen seiner Eigenart, bei der leisesten Berührung heftig Samen umherzuschleudern, »Altweiberzorn«.

Liebliche Blumengrüße auch im kargen Eck.

Friedhofsflora

Die Lage des Friedhofs ist oft schon von der Ferne her beim Blick auf das Dorf auszumachen, denn man erkennt ihn an den hochaufstrebenden, schmalen Koniferen, vor allem den Lebensbäumen, die oft an der Friedhofsmauer und bei der Friedhofskapelle stehen. Auch auf den Gräbern selbst wird viel Immergrünes als Symbol für die Unsterblichkeit der Seele verwendet: traditionsgemäß der Buchs, aber oft erklimmt auch ein Efeu den Grabstein.

Heutzutage häufig verwendet wird die Zuckerhutfichte. Genaugenommen erfüllt sie alle Anforderungen für eine Grabbepflanzung: Sie ist immergrün, hat keinen wild ausladenden, sondern einen sehr disziplinierten Wuchs und weist tröstend oder mahnend zum Himmel.
Bäuerinnen mögen die Zuckerhutfichte auch gerne in den Vorgärten. Auch wenn vielleicht meine Generation sie noch nicht als Bauerngartenpflanze akzeptieren kann, die nächste Generation wird sich wahrscheinlich nicht mehr viel dabei denken.
Der Blumenschmuck ist ein bißchen konservativer als auf städtischen Friedhöfen, weil viele Bäuerinnen ihre Blumen für den Friedhof im Garten selbst heranziehen. Da Dorffriedhöfe auch heute noch für die eine oder andere altmodische Rarität gut sind, lohnt deren Besuch auf jeden Fall.

Allerlei Seltsames

Nicht selten wächst in Bauerngärten die Kreuzblättrige Wolfsmilch *(Euphorbia lathyris),* die bereits im Capitulare als »lacteridas« aufgeführt ist. Früher wurde sie als Abführ- und Brechmittel verwendet. Heute hofft man, mit ihr Wühlmäuse vertreiben zu können. Einige alte Kulturpflanzen sind heute praktisch nur noch im Museum oder, ganz selten, in der Ruderalflora zu finden. An Färbepflanzen wäre der bereits im Capitulare genannte Krapp *(Rubia tinctoria)* zu nennen, der mit dem Waldmeister verwandt ist, sowie der Färber-Waid *(Isatis tinctoria),* ein Kreuzblütler, und die Färber-Hundskamille *(Anthemis tinctoria),* ein Korbblütler.
Als weitere alte Kulturpflanze ist die Weberkarde *(Dipsacus sativus)* zu nennen, mit deren häkchenstrotzenden Fruchtständen Wolltuch aufgerauht wurde, um es fülliger und wärmer zu machen, so ähnlich wie heute bei Mohair. Ein Wurzelauszug des Seifenkrauts *(Saponaria officinalis)* wurde als Waschlauge verwendet. Eine weitere im Capitulare genannte Pflanze ist die »parduna«, deren Wurzelstöcke als »Grindwurz« gegen chronische Hautausschläge bei Kindern etwa in der Art der heutigen Neurodermitis verwendet wurde. Es könnte sich um die Klette *(Arctium lappa),* die Pestwurz *(Petasites officinalis)* oder den Huflattich *(Tussilago farara)* gehandelt haben. Wahrscheinlich waren alle drei Pflanzen

Holunder und Brennessel (Nährstoffanzeiger!)

gemeint, weil sie wegen ihrer großen Blätter eine gewisse Ähnlichkeit untereinander aufweisen. In der Volksmedizin wird bei der Pflanzenbestimmung etwas großzügig verfahren, denn die Ursprünge der volkstümlichen Heilkunde sind nicht analytischer sondern spiritueller Natur. Wahrscheinlich wurden jedoch diese heilkräftigen Pflanzen, die leider gleichzeitig garstige Wurzelunkräuter sind, nicht im Garten sondern am Dorfrand gesammelt.

Spontanvegetation

Mit großer Mühe wird derzeit versucht, in den Dörfern die Spontanvegetation, früher »Unkraut« gescholten, zu erhalten oder wieder anzusiedeln. Hoffen Sie dabei, verehrte Naturschützer und Dorfökologen, nicht allzu sehr auf das Verständnis und die Mithilfe der Bäuerinnen. Denn eine Frau, die ab 6 Uhr morgens im Stall gearbeitet hat, dann Frühstück gemacht, die Hühner gefüttert, die Kinder auf den Schulweg geschickt, Wäsche gewaschen, mit dem Traktor

Der blühende Gemüsegarten

Gemeinschaftsgarten auf dem Dorfanger von Steinbach an der Haide (Frankenwald).

Gras geholt und dann Mittagessen gekocht hat, spricht nicht mehr freundlich von »Beikräutern«, »Spontanvegetation« oder »Wildkräutern«, wenn sie am Nachmittag Disteln und Gänsefuß im Rübenacker hackt. Sie bringt keinen Funken Naturliebe mehr auf, wenn sie sich nach all dem am Abend mit schmerzendem Kreuz und den Kopf voll mit noch zu erledigenden Arbeiten, schnell noch eine Stunde Zeit nimmt, um im Garten mit Franzosenkraut, Gänsedisteln, Vogelmieren, Giersch, Schnecken, Erdflöhen und Kreuzkraut den Kampf aufzunehmen.

Dennoch sind die Lebensgemeinschaften der dörflichen Spontanvegetation in ihrer Vielfalt von großem ökologischen Wert. Gepriesen sei der Holunder, vor dem früher der Bauer »den Hut runter« getan hat, wegen seiner vielfältigen Heilwirkungen. Brennesseln waren nie ein Problem, denn kleingeschnitten und mit gekochtem Ei vermischt wurden sie an Gänschen und Entchen verfüttert. Schade ist es um den Guten Heinrich *(Chenopodium bonus-henricus),* der in Griechenland »Wilder Spinat« heißt und heute ziemlichen Seltenheitswert hat. Schwarznessel *(Ballota nigra),* Eisenkraut *(Verbena officinalis),* Giftschierling *(Conium maculatum),* die Taubnesselarten, Schöllkraut und Stumpfblättriger Ampfer wachsen mit ihm zusammen. Auf dem Gänseanger und im Hennengarten finden sich Wegmalve, Kleine Brennessel, Kriechendes und Gänse-Fingerkraut sowie verschiedene, teilweise inzwischen sehr seltene Gänsefußarten. Und so weiter.

Aber ich möchte dieses Buch eigentlich nicht beschließen mit dieser in jedem Sinne mit Füßen getretenen Flora, sondern ich möchte Ihnen noch einen Höhepunkt bieten.

Gemeinschaftsgärten

Sie sind da entstanden, wo die Häuser im Dorf so eng stehen, daß allenfalls ein kleiner Ziergartenbereich und ein paar Kübelpflanzen vor und neben den Häusern Platz haben. Vor allem manche Weinbauorte in Mainfranken, etwa Eibelstadt und Mainstockheim sind bekannt für solche Anlagen.
Im Gemeinschaftsgarten tauschen die Bäuerinnen Sämereien, Ableger und Neuigkeiten aus, so daß unterm Strich ein großer Gewinn an warmer, dörflicher Lebensqualität zustande kommt. Zwar sind es, streng genommen, nicht nur Bäuerinnen, die hier gutnachbarlich ihr Stück Land bestellen, aber der Pflanzenbestand ist so stark vom traditionellen Bauerngarten geprägt, daß die Würdigung dieser Gärten hier durchaus am richtigen Platz ist.
Jetzt wird es aber wirklich Zeit, daß wir uns ausruhen.

Wohngarten

Zwar gesteht auch der Betrachter mit strengem Stilempfinden dem Bauern eine (möglichst selbstgefertigte) Bank neben der Haustür zu, aber Rasenfläche, Kamin, Grill und Hollywoodschaukel fügen sich nicht unbedingt ins schöne traditionelle Bauerngartenbild. Warum eigentlich? Darf sich nur der Städter am Sonntag im Garten erholen? Ich plädiere sogar sehr dafür, daß solche Lustbarkeiten nicht nur für Pensionsgäste angelegt werden, sondern eben für die Bauern selbst, denn vor allem der bäuerliche Nachwuchs hat erfahrungsgemäß das Bedürfnis, auch einmal eine Garten-Grillparty zu veranstalten.
Und wir Bauerngarten-Berichterstatter werden uns gefälligst daran gewöhnen. Gerade dann, wenn neben dem Festhalten guter alter Traditionen auch gute neue Funktionen in den Bauerngarten integriert werden, besteht die reelle Chance, daß der Bauerngarten auch im nächsten Jahrtausend seiner Bestimmung gerecht wird.

Zum guten Schluß: Einladung, das Erarbeitete zu genießen im Halbschatten eines Pfirsichbäumchens.

Literatur

BRIEMLE, H.: Naturnahe Gärten. Gestaltungsvorschläge und Praxisbeispiele (BLV Garten- und Blumenpraxis), BLV 1985

DITTRICH, W.: Bäuerliche Gärten, Eugen Ulmer Verlag Stuttgart 1984

FISCHER-BENZON, R.: Altdeutsche Gartenflora, Verlag Lipsius u. Tischer, Kiel u. Leipzig 1894

FRANZ, G.: Geschichte des deutschen Gartenbaues, Eugen Ulmer Verlag, Stuttgart 1984

HAMILTON, G.: Der kerngesunde Garten. Das große Buch für Biogärtner, BLV 1989

HENNEBO, D.: Gärten des Mittelalters, Artemis Verlag, München 1987

JANNSSEN, W.: Mittelalterliche Gartenkultur, Beitrag in Herrmann, B. (Hrsg.): Mensch und Umwelt im Mittelalter, DVA, Stuttgart 1986

KÖRBER-GROHNE, U.: Nutzpflanzen in Deutschland. Kulturgeschichte und Biologie, Konrad Theiss Verlag, Stuttgart 1987

SCHREIBER, K.: Petersilie, Suppenkraut ...: Spaziergang durch bayerische Bauerngärten, in »natur« (Zeitschr.), Heft 8/1986, Ringier Verlag, München

TITZE, P.: Naturschutz im Dorf – Lebensräume (Biotope) im Dorf und ihre Pflanzengesellschaften, und: Das Pflanzenkleid des Dorfes – seine Gärten, Beiträge in: Laufener Seminarbeiträge, Heft 1/83, 1/84: Dorfökologie, Akademie für Naturschutz und Landschaftspflege, Laufen/Salzach (Hrsg.)

TITZE, P. und WIDMAYR, CH.: Beiträge in: Aus Liebe zur Natur, Bericht über das Internationale Symposium »Naturschutz durch Freilichtmuseen« am 2. u. 3. Sept. 1985, Schriftenreihe Heft 4/1986 der Stiftung zum Schutze gefährdeter Pflanzen (Hrsg.)

WIDMAYR, CH.: Bauerngärten neu entdeckt. Geschichte, Anlage, Pflanzen, Pflege (BLV Gartenberater), BLV 1990

Adressen

Bauernhof- und Bauerngartenmuseen

Glücklicherweise gibt es derzeit als Gegengewicht zur zunehmenden Technisierung einen Trend der Rückbesinnung auf gute alte Traditionen, gerade auch im Gartenbau. Deshalb besteht bei Gartenfreunden ein großes Bedürfnis nach Museumsgärten. Viele Bauernhofmuseen sind mit mehr oder weniger stilvollen historischen Gärten ausgestattet. Alle Bauernhofmuseen der BRD sind aufgeführt im Verzeichnis »Landleben damals – Wegweiser zu agrartechnischen Museen und Sammlungen« Landwirtschaftsverlag GmbH, München-Hiltrup. Leider wird nicht oder nicht ausreichend auf eventuell angeschlossene Gärten hingewiesen, auch dann, wenn solche vorhanden sind. Deshalb sei nur auf einige wenige Musseen mit Gärten aufmerksam gemacht, die mir persönlich bekannt sind und gut gefallen haben:

- Westfälisches Freilichtmuseum, 4930 Detmold, Krummes Haus
- Rheinisches Freilichtmuseum, Landesmuseum für Volkskunde, 5353 Mechernich-Kommern, Auf dem Kahlenbusch
- Fränkisches Freilandmuseum, 8532 Bad Windsheim, Eisweiherweg 1
- Kreisfreilichtmuseum, 7953 Bad Schussenried-Kürnbach
- Freilichtmuseum des Bezirks Oberbayern an der Glentleiten, 8119 Großweil (bei Kochel)
- Freilichtmuseum, 8332 Massing/Niederbayern
- Oberfränkisches Bauernhofmuseum, 8665 Zell-Kleinlosnitz, Lkr. Hof

Apfel(sorten) 21, 32f, 35ff
Apfelblütenstecher 22
Aprikose 41

Balkonschmuck 53ff
Bauernkaktus 55
Baumpflege 22
Beet(einfassungen) 74ff
Bestäubung 38f
Bienen 37, 38f
Bienenfreund 92
Birke 12, 43
Birnen(sorten) 32f, 35ff, 44
Birnengitterrost 23
Blattgemüse 101
Blaufichte 46, 47
Blumen 10, 78, 80, 113ff
Boden(arten) 83ff
Brauchtum 47, 76, 111
Brennessel 123, 124
Buchs 46, 48f, 58, 59, 67, 68, 75ff, 96

Capitulare de Villis 27f, 55, 66, 75, 94, 98, 104, 106, 109, 110
Clematis 42, 43 65

Dahlie 107, 117, 118
Dauergare 83
Dorfbach 15f
Dorfbaum 8, 30, 43ff
Dorferneuerung 17
Dorfökologie 8, 17
Dorfweiher 8, 15f
Düngeanleitung 86f
Düngung 84ff

Einheimische (Gehölze) 50ff
Eisenzaun 61, 64
Emmanagoga 48
Exoten 15, 50ff, 56

Färbepflanzen 123
Feldahorn 46
Feldgarten 10, 100
Fensterschmuck 53ff
Feuerlilie 114, 115
Flurbereinigung 11
Friedhofsflora 122
Frostgare 83
Frostspanner 22
Fruchtgemüse 105f
Fruchtwechsel 88
Fuchsschwanz 118, 121

Gartenbohnen 104
Geflügel 20
Gehölze (einheimische) 15, 50ff
Gemeinschaftsgärten 10, 124, 125
Gemüse 10, 77, 92ff, 98ff
Gemüseerbsen 104
Gemüsegarten 57ff, 92ff
Geranien 53ff
Geschichte (Gemüsegarten) 94ff
Geschichte (Obstbau) 25ff
Gewächshaus 106
Gründüngung 92
Grundrisse 67ff

Gurke 105

Hausbaum 10, 43ff, 45
Hausväter(literatur) 30, 105
Hauswurz 65
Hecken 8, 12f
„Hennengarten", Hühnergarten 8, 20, 106
Holunder 52, 58, 123, 124
Holzzaun 60, 62f
Hortensie 50, 52, 58
Hülsenfrüchte 104
Hummeln 20, 39
Humus 90f
Hyazinthe 115f

Immergrüne (Ziergehölze) 46ff
Insekten 21

Kaiserkrone 115f
Kalk 85f
Karl der Große 26ff, 94, 109
Kartoffeln 103f
Kernnährstoffe 84f
Kirsche 35, 44
Kirschfruchtfliege 22
Kletterpflanzen 40ff
Kletterrosen 42, 65, 114
Klöster 28ff, 59, 94
Kohl(sorten) 98ff
Kohlrabi 100
Kompost 88ff
Kopfweiden 16
Kraut(Feld)garten 99f
Kräuter 10, 76, 107ff
Kräutergarten 57
Kübelpflanzen 8, 53ff
Kürbis 105

Lauch 104
Lilien 114f
Lokalsorten 33
Lustgarten 29

Mangold 101
Maschendraht 63, 64
Meerrettich 106, 107, 108
Minzearten 109f
Mischkultur 58, 104
Mist, -arten 83f, 86f
Mistbeet 105, 106
Mittelalter 28, 94f, 98, 114
Mittelzehrer 88
Möhren 102
Monilia 23, 37
mulchen 83, 84
Myrte 53, 55

Narzissen 115f
Nelken 119
Nutzgarten 78ff
Nützlinge 22

Obstanbau 18ff
Obstbaumalleen 8, 25, 31
Obstbäume 18f
Obstbaumschnitt 28
Obstgarten 18ff

Obsthain 34
Obstsorten 21, 33ff
Obstspalier 40
Ökologie, Ökonomie 17
Ostasien (Pflanzen aus) 96

pelzen 24, 30, 39
Pfingstrose 119
Pfirsich 29, 41, 125
Pilzerkrankungen 37
pH-Wert 85
Pollenspender 36, 37
Polsterstauden 53
Pomologie 25, 31ff

Quitte 34

Radieschen 102
Rettiche 102
Riechkräuter 109f
Römer 26, 94
Rosen 54, 66, 113f
Rote Spinne 22

Sadebaum 29, 37, 46ff, 51
Salate 100f
Salbei 111
Sauerkirschen 23, 37
Schädlinge 22ff
Schwachzehrer 88, 90
Sellerie 102
Spalierobst 40f
Speierling 27, 28, 44
Spontanvegetation 10, 11, 66, 123f
Spurenelemente 85f
städtische Gärten 15, 24, 78
Starkzehrer 88, 90, 99
Stechpalme 49
Steinmehl (Urgesteinsmehl) 85, 91
Stockrose 117
Streuobstwiesen 18, 19, 20f, 23, 28

Tomate 61, 103, 105
Trockenblumen 120
Tulpen 115f

Unterlagen 34f

veredeln 24, 30, 33
Verjüngungsschnitt 14
Vorgarten 40ff
Vorgartenzaun 43, 45

Wallahfried Strabo 29, 74, 105, 114
Wegekreuz 47ff
Wein(spalier) 40, 41
Wildgehölze 10ff
Wildhecken (Garten) 15
Wohngarten 10, 125
Wurzbuschen 111f, 115
Wurzelgemüse 102f

Zäune 59ff
Zaunmaterial 63f
Zentifolie 113
Zierbepflanzung 8, 40ff
Ziersträucher 46ff
Zuckerhutfichte 46, 122
Zwetschge 35, 44
Zwiebeln 104